国家文化产业资金支持媒体融合重大项目

U0648354

全国高职高专创新创业教育协作会
中国高职研究会商科分会创新创业工作委员会　　联编

职业教育教学改革融合创新型教材·创新创业系列

Zhongxiao Qiye
Caishui Guanli

中小企业财税管理

理念领先　多元整合　职教特色　开放互动

王艳茹　刘昀　主编　｜　第二版

东北财经大学出版社
Dongbei University of Finance & Economics Press
大连

图书在版编目（CIP）数据

中小企业财税管理/王艳茹，刘昀主编. —2版. —大连：
东北财经大学出版社，2022.8
（职业教育教学改革融合创新型教材·创新创业系列）
ISBN 978-7-5654-4616-0

Ⅰ.中…　Ⅱ.①王…②刘…　Ⅲ.①中小企业-企业管理-财务
管理-职业教育-教材②中小企业-企业管理-税收管理-职业教
育-教材　Ⅳ.①F276.3②F810.423

中国版本图书馆CIP数据核字（2022）第137542号

东北财经大学出版社出版
（大连市黑石礁尖山街217号　邮政编码　116025）
网　　址：http://www.dufep.cn
读者信箱：dufep@dufe.edu.cn
大连天骄彩色印刷有限公司印刷　东北财经大学出版社发行
幅面尺寸：185mm×260mm　字数：235千字　印张：13.25　插页：1
2022年8月第2版　　　　　　　　2022年8月第1次印刷
责任编辑：张旭凤　曲以欢　　　　责任校对：京　玮
封面设计：冀贵收　　　　　　　　版式设计：原　皓
定价：32.00元

富媒体智能型教材出版说明

"财经高等职业教育富媒体智能型教材开发系统工程"入选国家新闻出版广电总局新闻出版改革发展项目库，并获得文化产业专项资金支持，是"国家文化产业资金支持媒体融合重大项目"。项目以"融通""融合""共建""共享"为特色，是东北财经大学出版社积极落实国家推动传统媒体与新媒体融合发展的重要举措之一。

"财济书院"智能教学互动平台是该工程项目建设成果之一。该平台通过系统、合理的架构设计，将教学资源与教学应用集成于一体，具有教学内容多元呈现、课堂教学实时交互、测试考评个性设置、用户学情高效分析等核心功能，是高校开展信息化教学的有力支撑和应用保障。

富媒体智能型教材是该工程项目建设成果之二。该类教材是我社供给侧结构性改革探索性策划的创新型产品，是一种新形态立体化教材。富媒体智能型教材秉持严谨的教学设计思想和先进的教材设计理念，为财经职业教育教与学、课程与教材的融通奠定了基础，较好地避免了传统教学模式和单一纸质教材容易出现的"两层皮"现象，有助于教学质量的提高和教学效果的提升。

从教材资源的呈现形式来说，富媒体智能型教材实现了传统纸质教材与数字技术的融合，通过二维码建立链接，将VR、微课、视频、动画、音频、图文和试题库等富媒体资源丰富呈现给用户；从教材内容的选取整合来说，其实现了职业教育与产业发展的融合，不仅注重专业教学内容与职业能力培养的有效对接，而且很好地解决了部分专业课程学与训、训与评的难题；从教材的教学使用过程来说，其实现了线下自主与线上互动的融合，学生可以在有网络支持的任何地方自主完成预习、巩固、复习等，教师可以在教学中灵活使用随堂点名、作业布置及批改、自测及组卷考试、成绩统计分析等平台辅助教学工具。

富媒体智能型教材设计新颖，一书一码，使用便捷。使用富媒体智能型教材的师生首先下载"财济书院"App或者进入"财济书院"（www.idufep.com）平台完成注册，然后登录"财济书院"输入教材封四学习卡中的激活码建立或找到班级和课程对应教材，就可以开启个性化教与学之旅。

"重塑教学空间，回归教学本源！""财济书院"平台不仅仅是出版社提供教学资源和服务的平台，更是出版社为作者和广大院校创设的一个自主选择和自主探究的教与学的空间，作者和广大院校师生既是这个空间的使用者和消费者，也是这个空间的创造者和建设者，在这里，出版社、作者、院校共建资源，共享回报，共创未来。

最后，感谢各位作者为支持项目建设所付出的辛劳和智慧，也欢迎广大院校在教学中积极使用富媒体智能型教材和"财济书院"平台，东北财经大学出版社愿意也必将陪伴广大职业教育工作者走向更加光明而美好的职教发展新阶段。

东北财经大学出版社

职业教育教学改革融合创新型教材·创新创业系列

编 委 会

2015年5月，国务院印发《关于深化高等学校创新创业教育改革的实施意见》，要求高校要面向全体学生开发开设创业基础、就业创业指导等方面的必修课和选修课，纳入学分管理，建设依次递进、有机衔接、科学合理的创新创业教育专门课程群；要加快创新创业教育优质课程信息化建设，推出一批资源共享的慕课、视频公开课等在线开放课程；组织学科带头人、行业企业优秀人才，联合编写具有科学性、先进性、适用性的创新创业教育重点教材。2018年9月，国务院印发的《关于推动创新创业高质量发展打造"双创"升级版的意见》指出"'大众创业、万众创新'持续向更大范围、更高层次和更深程度推进，创新创业与经济社会发展深度融合"，高校要"把创新创业教育和实践课程纳入高校必修课体系"。

近几年，创业教育方面的教材积极面市，如雨后春笋般涌现，但是大多数教材在设计系统性、内容科学性、案例典型性、实践指导性、讲解趣味性、配套丰富性等教学的针对性和适用性方面仍然存在不足，有待提高。

同时，互联网技术的广泛应用也正在改变传统课堂的教学和学习方式，翻转式学习、混合式教学、慕课、SPOC、智慧课堂等已经深刻影响着教育领域，这些都对职业院校创新创业教育和教材建设提出了新的更高的要求。

"职业教育教学改革融合创新型教材·创新创业系列"作为国家文化产业资金支持媒体融合重大项目"财经高等职业教育富媒体智能型教材开发系统工程"的子项目，在总项目的整体支持下，得到了全国高职高专创新创业教育协作会和中国高职研究会商科分会创新创业工作委员会的大力支持。首批推出的《创新创业基础》《创新思维训练》《初创企业经营与管理》《中小企业财税管理》等四本教材，具有理念领先、多元整合、职教特色、开放互动等特点。

（1）**理念领先**。在国家"互联网+"和"大众创业、万众创新"的良好大背景下，符合职业院校学生个性特质和认知规律的富媒体教材和个性化学习解决方案是提高职业院校创业教育人才培养质量的关键。该系列教材以"播撒创业种子，点燃创业激情，培养创业人才，培育创业团队"为使命，充分依托现代教育技术手段，以教育信息化促进双创课堂教学改革，希冀有利于培养学生的自主学习能力、独立思考能力以及创新意识和精神，对促进我国职业院校创新创业教育教学和课程改革具有重要意义。

（2）**多元整合**。该系列教材立足全国高职高专创新创业教育协作会和中国高职研究会商科分会创新创业工作委员会，诚邀浙江机电职业技术学院、中国社会科学院大学、柳州职业技术学院、扬州工业职业技术学院等多所国内创新创业教育开办卓有成效的院校的优秀师资，借力东北财经大学出版社有限责任公司专门研发的在线教学云平台"财济书院"，探求服务院校"线上+线下""课内+课外""形成性评价+终结性评价""理论教学+实地操作""主讲+聘讲"等多种教学形式，实现多方资源的融合创新。

（3）**职教特色**。职业教育是国民教育体系和人力资源开发的重要组成部分，肩负着培养多样化人才、传承技术技能、促进就业创业的重要职责。职业院校的创新创业教育不同于本科院校，该系列教材定位于满足职业院校创新创业课程教学需要，以"提升学生的社会责任感、创新精神、创业意识和创业能力"为核心，以职业教育"工作过程导向"和"工作任务引领"为教材建设基础，体现"做中学"和"教、学、做"相融合的教学理念。教材中所设计的任务或项目由简单到复杂、由浅入深，循序渐进，使知识和技能螺旋式地融于任务中。

（4）**开放互动**。该系列富媒体教材力图通过校企联合协同建立面向校内和校外的创新创业课程教学平台，开放获取校内外创新创业学习资源，支持PC、平板电脑、智能手机多终端访问，支持任何人在任何地方、任何时刻获取所需信息的泛在学习方式。教材设计采用问题导向式教学法（Problem-Based Learning，PBL），将"创业素质养成""创业知识支撑""创业能力培养"一并纳入编写设计中，在内容布局上压缩了"理论"，扩充了"实务"，给"实训"教学环节以相对充分的空间。教材还设计了练习、测评、交互游戏、角色扮演等多种交互活动，寓教于乐，提升学生的学习兴趣和学习效果。

建设一套品质优良并富有创新性的教材，需要不断地精雕细琢、潜心打磨，我们真诚地希望，这套凝结着十余所高校几十位优秀教师心血的"职业教育教学改革融合创新型教材·创新创业系列"，能够成为适用于职业院校、适应经济和社会发展需要、有利于提高学生创新创业意识和能力的双创教材，为我国高校创新创业教育改革提供一个范式参考。

职业教育教学改革融合创新型教材·创新创业系列编委会

第二版前言

习近平总书记强调:"中小企业能办大事。"拥有"小而美"独特优势的中小微企业,与民营经济高度重叠,是保市场主体的重要对象,是保就业的重要力量,也是构建新发展格局的有力支撑。每一个具体的中小微企业,都连着普通家庭的就业与生计;无数个中小微企业,共同构成了中国经济的规模与体量,所以,无论从地位作用还是实际贡献来看,中小微企业的健康发展,都具有重要意义。

为中小微企业发展注入更多信心和底气,既要有"雪中送炭"的帮扶,也要有"添砖加瓦"的培育,前者需要政府的政策发力,后者需要高等教育的助攻。一本专注于中小企业健康发展的投融资管理和财税管理教材对于高校开设类似课程,帮助广大学生掌握相关知识具有重要的意义。

本教材从教书育人的角度出发,不仅仅关注知识的传输,每章还新增了"导引案例"和"案例笔记"等内容,让学生在接受专业知识的同时树立起正确的世界观、人生观和价值观,起到润物无声的效果。

第二版教材结合最新法律法规和政策,对涉及的税率、税费优惠等进行了调整,结合中小企业的投融资实际增加了部分内容,在若干项目中增加了"拓展阅读"的资料,修改了部分项目和任务的名称,突出教材服务于中小企业的特征。具体修订内容如下:

① 各章均增加了"导引案例"和"案例笔记"。

② 项目二增加了适合中小企业的金融机构贷款形式的解读,以及供应链融资的概念,在"拓展阅读"中添加供应链金融、普惠金融助力中小企业融资的文章,以及外部融资对股权架构影响的示例。

③ 项目三增加了增值税专用发票认证的内容。

④ 项目四强调了特定情况下进项税转出的规定,更加突出"财税管理"的教材定位;增加了生产环节需要缴纳消费税的情形。

⑤ 项目五完善了销售环节需要缴纳消费税的规定,增加了特殊销售的税费处理,让中小企业的经营者在发生视同销售、兼营和混合销售以及销售折扣或折让行为时,可以从容处理相应的纳税问题;将信用评价标准

的 5C 改为 6C，增加了对经营持续性的评价维度。

⑥ 项目七增加了研发费用计算的示例，修改了研发费用加计扣除和无形资产摊销的相应规定。

⑦ 项目九增加了一般纳税人和小规模纳税人转化的讲解，混合销售和兼营的纳税事项，所得税纳税调整的描述，按照最新规定调整了税率及税费减免政策；增加了"2022 年税收优惠汇编"的"拓展阅读"内容，并将根据国家税务总局网站内容及时更新。

⑧ 项目十完善了利润表的内容，按最新所得税减免政策重新计算了示例中的数据；调整了资产负债表部分项目；增加了报表分析示例的"拓展阅读"内容。

⑨ 为方便教师备课，教材配套了学习日历、教学指南、大纲、教案等配套材料，以及课件、视频、关键术语和习题、项目配套任务的参考答案等超值资源，希望能够对教师的教学创新有所帮助。

本教材项目一至项目九由中国社会科学院大学教授王艳茹编写；为使教材内容更贴合实际，满足学生的学习需求，特邀请广州医科大学附属第二医院会计师刘昀加入编写团队，负责项目十的编写。感谢东北财经大学出版社张旭凤主任对教材修订的支持和建议、曲以欢编辑的专业和细心，她们的工作使得教材内容更加完善。同时，教材修订过程中，还得到很多人士的支持和帮助，在此一并表示感谢。尤其是修订过程中参考过的文章、专著和教材的作者，正是他们的研究成果丰富了本书的研究内容。

因为时间仓促和作者自身的理论水平及实践经验有限，书中难免存在疏漏或不足，敬请广大读者批评指正，以便对本书做进一步的修改、补充和完善。编者的联系方式为：wangyanrukab@126.com。

王艳茹

2022 年 6 月 1 日于北京

目录

二维码资源目录

项目一　中小企业财税管理

项目目标

企业的生产经营过程，一方面表现为物资的不断购进和售出；另一方面则表现为资金的支出和收回，企业经营活动不断地进行，就会不断地产生资金的收支。以现金收支为主的企业资金活动统称为财务活动。中小企业的财税工作就是要组织好企业的财务活动，处理好和资金收支相关的财务关系，为此需要建立良好的财务管理制度。不过不同组织形式的企业其财税管理的内容也会有差别，需要进行一定的了解。

通过本项目的学习，应该：

第一，了解中小企业财税管理涉及的内容；

第二，分析中小企业财税管理中存在的问题；

第三，熟悉不同企业组织形式下财税工作的特点，帮助中小企业进行财税制度设计；

第四，认识到财税管理在中小企业中的重要性。

项目任务

在目前的双创背景下，大学生参与创业的比例呈逐年增加的趋势，各种创业大赛和创业活动风起云涌。按照中国人民大学 2016 年 12 月 28 日发布的《2016 年中国大学生创业报告》的数据，89.8% 的在校大学生曾考虑过创业，18.2%（这个比例在《2017 年中国大学生创业报告》中为 26%）的在校大学生有强烈或较强的创业意愿，约有 12 万名大学生正在创业或有过创业经历，占被调查学生总人数的 28%。《中国大学生创业报告 2020》显示，相较于往年，中国大学生的创业意愿持续攀升，2020 年在校大学生表现出创业意愿的比重创历年新高。可是，中国创业企业的失败率高达 86.7%，企业平均寿命不足 1.6 年，而大学生创业失败率更超过 95%。（资料来源：苏德中《解密成功创业者》）失败的原因多与企业的股权设计不合理、对创业投资的获利能力估计不准确、资金筹集不足导致资金断流等有关。因此，无论创业者的专业背景如何，创办和经营企业都必须了解和中小企业有关的财税知识，以便在遵循法律法规、熟悉市场和企业自身财务的情况下做出科学决策。

学习本项目，需要完成以下几个任务：

第一，知晓中小企业创建中和财务有关的主要活动；

第二，了解中小企业在经营过程中涉及的主要利益关系；

第三，熟悉中小企业主要的纳税业务。

导引案例

直播网红偷逃税款被查

2013年，伴随着微博平台商业化进程的加速，手握网红流量池的社交平台"微博"和有着卖货需求的电商平台"淘宝"完成了初次牵手合作，二者打通融合之后，为网红流量提供了入口，带货推荐变成了渠道，网红经济至此成型。2014年之后，伴随着4G网络技术和手机的逐渐普及，网红获取流量的途径和手段更是多样。除了最初微博、微信平台上的文字和图片外，语音、视频也成为宣传和吸引粉丝的形式，这为直播带货提供了新的发展可能性。

2016年"双十一"，张大奕的淘宝女装店销售额成功破亿元，网红带货变现成为商家宣传不可或缺的重要渠道。在MCN（Multi-Channel Network，一种多频道网络的产品形态）们的包装下，一代又一代的网红"商品"成功打包售出，不断变现实现商业价值。

2021年12月20日，浙江省杭州市税务局发出公告，直播卖火箭的薇娅在近两年偷税漏税6亿多元，加上滞纳金和罚款，一共需要补缴13.41亿元。这是杭州税务局发力查惩偷漏税行为的一个重大事件。此外，雪梨以及林珊珊等的偷税漏税行为也相继被公开处分。

资料来源：海边的风声君. 薇娅被罚背后，是大佬们的真正较量［EB/OL］.［2021-12-21］. https://mp.weixin.qq.com/s/eO5V1N1BE61D_fgIU2E6GA. 有删改.

案例解析：

创办企业是在法制框架下的社会行为，中小企业经营者首先要做一个守法的公民。所以，中小企业经营者成功的前提是履行社会责任，对各方利益相关者负责。数字经济背景下直播带货可以方便消费者更好地了解产品，做出消费决策。但是，直播带货的网红主播也应该遵守法律规定，及时足额纳税，做一个守法公民，而不是钻法律的漏洞，肥自己的私囊。

案例笔记

■ 依法纳税是企业对社会应尽的责任。依法纳税除向国家贡献税收外，还有利于解决群众就业、缓解政府压力、确保社会大局稳定。在日常生活和工作中，应养成依法办事、依约进行财税处理的习惯，树立纳税光荣、偷税漏税可耻的价值观。

■ 税收是企业的成本，节约税收就是节省企业的成本开支。虽然合理的税收节约是对股东负责，但是过度节约税收成本会形成纳税风险。所以，中小企业一定要做好纳税管理。

■ 好的制度可以使坏人变好。设计一套适合中小企业的好的财务制度可以确保企业行驶在法治的轨道上，取得可持续发展。

■ 良好的程序是完成任务的根本保证。中小企业经营者和从业者应树立程序即秩序的理念。

■中小企业应严格按照规章制度的规定进行会计处理，遵循必要的流程，培养合规思维和流程思维。

任务一   中小企业应进行哪些财税管理？

任务分析

要了解中小企业涉及的财税管理内容，需要具备一定的财税管理基本知识，对中小企业涉及的财税管理活动和利益关系有所了解，将理论上的知识点和实际调查中搜集到的信息进行对比分析，通过思考其存在差异的原因，认识到专业知识对提高企业财税管理的重要性。

首先，通过对课本相关内容的学习，了解中小企业的主要财务管理活动、财务关系和纳税业务；

其次，借助于对2～3家中小企业的调查，对企业实务界财税处理的现实情况有所了解；

最后，将理论知识和中小企业实际进行对比，找出差距，给出对策，切实对中小企业财税管理的提高有所帮助。

相关知识

一、中小企业财务活动的内容

中小企业基本的财务活动包括资金筹集、资金投放和使用、资金的日常管理、成本费用管理以及报表分析决策等工作。

1.筹集资金

由于存在中小企业的不确定性大、资金的安全性难以评估、中小企业团队和资金提供者之间信息不对称以及资本市场欠发达等问题，企业创业和经营初期筹资会比较困难。另外，中小企业往往面临抵押和担保不足、筹资规模小导致的单位筹资成本较高、筹资渠道相对单一以及人力资本定价困难等限制，这使得企业在筹资方面呈现出明显劣势。因此，对于绝大多数资金缺乏的中小企业来说，筹集到足够的资金便成为企业正常经营的首要条件。

2.合理投放资金

虽说船小好掉头是中小企业的优势，但对于大多数中小企业来说，由于企业规模较小，资金一般相对紧张，可供选择的投资项目也会偏少，其资金投放和上市公司相比会有很大不同。上市公司往往进行的是序列产品的研发或多元化投资，有相对成熟的评判标准。中小企业主要是根据经营者识别的机会进行投资，资金投放会相对集中于既定项目，难以通过多元投资分散风险。所以，中小企业的资金投放决策应该更加慎重，可在参考上市公司投资决策评价标准的基础上进行适当调整，提高投资成功的可能性；也可以通过对其他经营拟投资项目的企业进行股权投资，避免重复建设，快速扩大企业规模。

3.巧妙进行资金管理

对于中小企业来说，在产品的销售活动能够产生现金流之前，企业需要技术研发，租用场地，购买设备、原材料，进行广告宣传，支付员工薪酬，还可能需要对员工进行培训。另外，要实现规模经济效应，企业需要持续地进行资本投资，加上产品或服务的开发周期一般比较漫长，企业资金规模较小等，使得中小企业对资金的管理更加重要，甚至可以说资金管理在企业中具有很重要的战略地位。

4.做好日常成本费用管理

企业获得盈利的途径无非是开源和节流，在市场难以快速扩大、收入难以快速增长的时候，成本管理就变得更加重要。节流是摆在每一个中小企业经营者面前不可回避的话题，也是非常重要的管理内容。中小企业的经营者只有从会计角度和管理角度分别熟悉成本费用的概念和分类，才能既遵循国家对会计核算工作的规定，正确提供财务报表，满足纳税申报的要求，又加强企业成本费用的管理，尽可能压缩不必要的支出，尽快实现盈利。

5.期末进行报表分析

财务报表是企业得到外部认可的桥梁，日常财务核算结果的呈现主要是企业编制的财务报表。

财务报表是对企业财务状况、经营成果和现金流量的结构性表述，是企业管理者明晰企业经营状况的主要途径，也是外界了解企业的桥梁，在中小企业日常核算中占据着非常重要的地位。当中小企业需要从外部筹集资金时，其往往需要向投资者提供财务报表；企业进行纳税申报时也需要以财务报表为依据；每年的1月1日至6月30日，企业还应该通过国家企业信用信息公示系统向市场监督管理部门报送上一年度的年度报告，其中的主要内容就是财务报表。因此，无论是由企业内部的财务人员，还是由委托的外部代理机构来登记账簿记录，企业均需要按照规定编制财务报表。企业经营者可以不会编制报表，但一定要能够分析报表，看懂报表背后反映的信息。

二、中小企业的利益相关者及其关系处理

中小企业的财务关系包括创业初期创始人和联合创始人之间的财务关系、中小企业和外部利益相关者之间的财务关系、中小企业和内部员工的财务关系等。

1.创始人和联合创始人之间的财务关系

创始人和联合创始人之间的财务关系主要是股权设置和利益分配的问题。中小企业最好在企业开始经营之前就股权设置进行充分协商，形成一致认可的分配机制，以利于企业的可持续发展。

2.中小企业和外部利益相关者之间的财务关系

中小企业和外部股权投资者之间的财务关系表现为努力实现企业的快速健康成长，不断扩大市场占有率，使股权价值得以提升；中小企业和外部债权人之间的财务关系表现为保持一定的现金流和偿债能力，保障债权人利益；中小企业和政府部门的财务关系则是遵守相应的法律法规、依章依法纳税；中小企业和客户的财务关系则是提供能够满足客户需求、帮助客户产生价值的产品或服务。

3.中小企业和内部员工的财务关系

中小企业和内部员工的财务关系表现为：首先要按照劳动合同法的规定，和员工签订劳动合同，并保障员工的合法权益；其次，为员工提供不断发展的平台，寻求长期合作；最后，可以通过合理的股权架构，让员工自愿站在企业的角度来思考，和企业同呼吸共命运。

三、中小企业的纳税业务

中小企业在生产经营过程中需要根据日常的经营收入缴纳流转税，在发放薪资的过程中需要按照《个人所得税法》的规定代扣代缴个人所得税，对于公司制企业来说，在公司盈利的情况下还需要缴纳企业所得税，个人或独资企业在分配利润时，需要代扣代缴投资者的个人所得税等。

在全面"营改增"结束之后，对于企业来说，缴纳的流转税主要是增值税。

企业的经营管理者需要了解纳税的相关规定，以及国家的税收优惠政策，以便在遵循国家法律法规的情况下做到合理避税，实现股东财富最大化的财务管理目标。

拓展阅读1-1
成本的理念

任务实施

要完成本任务，可以按照以下步骤实施。

　　第一步，调查2~3家中小企业（最好是成立5年以内的企业）和2~3家会计公司，拜访企业的创办者或管理者，了解他们在创办和经营过程中遇到的和资金有关的主要业务，将其作为财务活动填写在表1-1中；

　　第二步，了解其在处理和资金有关的活动中遇到的利益相关者，将其整理后分类填写在表1-1中；

　　第三步，了解企业在经营过程中涉及的纳税业务，分析其发生的税费的种类，将其填写在表1-1中，并学习相应的税法知识；

　　第四步，拜访会计公司的负责人，了解其为中小企业进行财税服务的内容，分析其业务内容和企业实际工作内容的不同，给出你的建议；

　　第五步，将调查资料整理后做成汇报用的ppt，和班级同学分享；

　　第六步，将前述资料整理分析后，结合相关知识部分的内容，将其梳理填写在表1-1中。

表1-1　　　　中小企业在创办和经营过程中遇到的财税问题调查表

任务内容	企业1/会计公司1	企业2/会计公司2
企业的财务活动		
企业的财务关系		
企业的纳税业务		

续表

任务内容	企业1/会计公司1	企业2/会计公司2
会计公司提供的服务内容		
你的建议	对企业：	对会计公司：

任务二　什么是符合中小企业的财税管理制度

任务分析

"没有规矩，不成方圆"，企业的财会工作也是如此。制度是一种导向，好的制度可以使坏人变好。设计合理的财会制度对于中小企业健康成长有着极为重要的意义。在学习相关知识后，要调查1~2家中小企业（最好是成立时间在5年以内的企业），拜访企业的创办者或管理者，完成以下任务：

第一，根据企业创办者和管理者的描述，或者设计几个主观题目由其作答后，对企业开展财务活动、处理财务关系的流程进行总结；

第二，如果受访企业有相应的财务制度，请收集起来，并通过网络途径搜集其他企业的财务制度，学习分析后判断被调查企业财税制度的完整性和适用性；

第三，了解受访企业处理财税事务的基本做法；

第四，从深圳或上海证券交易所的网站（http：//www.szse.cn/，http：//www.sse.com.cn/）上找一家你感兴趣的创业板上市公司，结合巨潮资讯网（http：//www.cninfo.com.cn/cninfo-new/index#）上披露的公司信息，分析其财务会计制度的内容，和调查中得到的中小企业财税制度的内容进行比较，思考其差异及原因。

相关知识

中小企业的财务制度包括财务管理基础制度、资产管理制度、权益管理制度、损益管理制度、纳税管理制度和综合管理制度等内容。

一、财务管理基础制度

财务管理基础制度是对财务管理基础工作的规范，一般由总则、财务管理职责、印章管理制度、票据管理制度等组成。

总则一般规定财务制度设计的目的、依据、适用范围等内容，如"为加强财务管理，规范财务工作，促进企业经营业务的发展，提高企业经济效益，根据国家有关财务管理法规制度和企业章程的有关规定，结合企业实际情况，特制定本制度"。

财务管理职责是对企业有关负责人，如创业者、总经理等管理层以及财务人员岗位职责的规定，如财务部的职责是在公司总经理的领导下，具体负责全公司的财务管理工作和会计核算工作。

印章管理制度是对企业印章制作、保管、使用、收回、销毁等内容所做的规定，需要设计"用章审批单"等表格来进行规范管理。

票据管理制度是对企业支票、汇票、发票和收据等票据的申购、领用、签发、保管、收受、背书转让等程序与权限所做的规定，需要设计"票据申领单""票据交接单""支票使用登记簿"等进行规范管理。

二、资产管理制度

资产管理制度是对企业各项主要资产进行管理所做的规定，包括货币资金管理制度、应收账款管理制度、存货管理制度、固定资产管理制度等。

货币资金管理制度的重点是规范货币资金支付的手续、程序和权限，主要是对现金和银行存款的管理。如多少元以上的支出应该由哪位负责人签字同意，支票申领和使用应该遵循什么程序等。

应收账款管理制度包括对应收账款的分类、不同类别应收账款的管理办法等，如将应收账款分为即期应收账款（自企业发货之日起未满3个月的应收账款）和逾期应收账款（企业发货后3个月仍未收回的应收账款），并制定不同的催收方法。其重点是规范应收账款的管理部门及其责任，以及相应的考核方法。

存货是企业日常活动中持有以备出售的产成品或商品，以及处在生产过程中的在产品，及在生产过程中或提供劳务过程中耗用的材料或物料，包括各种材料、在产品、半成品、商品等。存货管理制度是对存货采购、入库、领用等方面程序、手续的规范。

固定资产是企业为生产产品、提供劳务、出租或经营管理而持有的，使用寿命超过1年的有形资产，如房屋、建筑物、机器、机械、运输工具、设备等。固定资产管理制度要对固定资产增减变动的程序、权限、职责进行规范，其重点是规范购置固定资产的审批权限、固定资产预算、固定资产使用和管理、固定资产日常维护或维修、固定资产盘点方法等。

资产是中小企业的重要财产，即便在企业人手有限的情况下，也应该明确资产管理的责任人，保证企业财产的安全完整。

三、权益管理制度

权益管理制度包括债权人权益的管理制度和所有者权益的管理制度。

债权人权益的管理制度主要是筹资管理制度，重点应规范筹资的预算管理与筹资决策程序。所有者权益的管理制度是对股东投资方式、出资减资、股权激励等事项所做的规定。

四、损益管理制度

损益管理制度是对销售收入和成本费用所做的规范。其包括销售收入与合同管理制度、成本费用管理制度、利润管理制度等。

销售收入与合同管理制度是对销售计划、产品发运、货款回笼与销售合同签订权限等方面的规范；成本费用管理制度是对成本费用的界定、核算、管理办法以及审批程序和报销标准的规定；利润管理制度是规范利润预算的管理办法，以及利润分配的决策程序。

五、纳税管理制度

纳税管理制度是对企业的税收事务进行管理的制度规定。企业应该设立专门的税务管理岗位或专职/兼职的税务人员，加强增值税等专用发票及其他票据的管理，进行各种税款的计算、申报、代扣代缴和缴纳，处理和纳税有关的会计业务、识别税务风险、提出规避风险的改进建议，做好税务档案管理工作。

六、综合管理制度

综合管理制度包括财务预算管理制度、财务分析与报告制度、会计档案管理制度等。

财务预算管理制度主要是对预算管理组织机构、预算编制要求、预算管理程序、预算的执行与控制、预算调整与考核等内容所做的规定。

　　财务分析与报告制度是对财务分析的时间与方法、财务分析的内容与指标、财务分析报告的格式及内容等所做的规定。

　　会计档案管理制度是对会计档案的内容与管理部门、会计档案的移交与立卷、会计档案的归档与调阅、会计档案的保管及销毁等内容所做的规定。

任务实施

　　根据调查结果对企业的财务税收制度进行梳理，在组内分享；小组成员将组内分享信息归纳整理后形成完整的团队报告在班级分享，并且填写表1-2。

表1-2　　　　　　　　　　　企业财务税收制度调查表

任务内容	企业1	企业2
企业组织财务活动的流程或规章制度		
企业涉税事务的工作流程或规章制度		
查到的其他企业的规章制度类型		
你的建议		

任务三　不同组织形式企业财税管理有何特点？

任务分析

　　中小企业可以采用不同的组织形式，各种组织形式相对应的财务管理特征不同，面临的涉税事务也有区别。需要通过对相关知识的学习完成以下任务：

　　分别选择一家个人独资企业、一家合伙企业和一家公司制企业进行调查，了解其主要的财税活动，将其财税活动开展中不同的地方进行整理归纳。

拓展阅读1-2
中小企业划分
标准

相关知识

　　社会上常见的市场主体有个体工商户、个人独资企业、合伙企业、公司制企业和农民专业合作社。企业的组织形式不同，对中小企业财税管理的要求不同，财税管理的内容也有很大差别。

一、个人独资企业

　　个人独资企业，是指依照《中华人民共和国个人独资企业法》的规定，在中国境内设立，由一个自然人投资，财产为投资人个人所有，投资人以其个人财产对企业债务承担无限责任的经营实体。企业本身不缴纳企业所得税，如果在经营过程中实现盈利，则按照生产经营所得对投资者征收个人所得税。一般来说，个人独资企业的规模较小、组织结构较为简单，对财务管理工作的要求不是很严，财务管理效率较高；政府对独资企业的管制一般较少，财务管理相对简单；独资企业利益由业主独享，易发扬投资人的创业精神。但是，独资企业的业主要承担无限责任，增大了其自身风险；多数企业规模小、资本薄弱，外部筹资较为困难；企业的寿命和企业家的自身寿命紧密相关，企业寿命有限，影响其发展战略和前景；同时，其所有权难以转移，影响企业的可持续发展。

二、合伙企业

　　合伙企业，是指自然人、法人和其他组织依照《中华人民共和国合伙企业法》的规定，在中国境内设立的普通合伙企业和有限合伙企业。合伙企业本身也不缴纳企业所得税，对于企业的生产经营所得或其他所得，按照国家有关税收规定，由合伙人分别缴纳个人所得税；合伙企业的规模比独资企业稍大，出资人较多，扩大了资本来源和企业信用能力，较容易从外部筹措资金；合伙企业的合伙人共同出资、合伙经营、共享收益、共担风险，并对合伙企业债务承担无限连带责任，抗风险能力相对较强；合伙人既是合伙企业的所有者，又是合伙企业的经营者，且不同合伙人一般具有可以相互补充的专长和经验，管理能力相对较高；普通合伙企业的合伙人对企业债务承担无限连带责任，提高了企业的信誉。但是，由于合伙企业是根据合伙人之间的契约建立的，因此增加股权资金的能力受到一定限制；不参与经营的合伙人承担的风险较大；加上合伙企业的所有合伙人都有权代表企业从事经营活动，重大决策须得到所有合伙人的同意，因此很易造成决策迟滞，延误决策时机。

三、公司制企业

公司制企业是指依照《中华人民共和国公司法》的规定在中国境内设立的有限责任公司和股份有限公司。公司是企业法人，有独立的法人财产，享有法人财产权。其中，有限责任公司，是指股东以其出资额为限对公司承担责任，公司以其全部资产对公司的债务承担责任的企业法人。一人有限责任公司，是指只有一个自然人股东或者一个法人股东的有限责任公司。大学生不允许创办股份有限公司。公司制企业是独立的法人，并不因为个别股东的死亡或股票转让而停业或歇业，这样的无限寿命有利于长期发展战略的制定；股东只对外承担有限责任，提高了其投资积极性；股份有限公司的股份可以随意在资本市场上进行转让，从而增强了产权的流动性，通过转让股份也使筹资变得更加容易；公司制企业的所有权与经营管理权两权分离，使企业的决策更加科学。但是，由于公司制企业的有限责任，企业破产损失的风险可能会有一部分转移到债权人或潜在投资者身上，所以公司的设立有较大难度，政府对公司的管制也较多；公司制企业存在双重征税问题，不但要根据公司的盈利缴纳企业所得税，个人投资者还要就其分红得到的利润缴纳个人所得税，税收负担重；最后，两权分离带来益处的同时，也会增加公司的代理成本。

四、其他市场主体

市场主体常见的类型还有个体工商户和农民专业合作社。

个体工商户是指有经营能力，依照《个体工商户条例》的规定，经市场监督管理部门登记，从事工商业经营的公民。个体工商户可以个人经营，也可以家庭经营。个体工商户一般规模较小，需要对企业债务承担无限责任，其对于财务管理的有利和不利影响与独资企业类似。

农民专业合作社是在农村家庭承包经营的基础上，同类农产品的生产经营者或者同类农业生产经营服务的提供者、利用者，自愿联合、民主管理的互助性经济组织。农民专业合作社依照《中华人民共和国农民专业合作社法》登记，取得法人资格。农民专业合作社成员以其账户内记载的出资额和公积金份额为限对农民专业合作社承担责任。农民专业合作社规模较大，社员对合作社的债务承担有限责任，国家对于农民专业合作社的成立要求较为严格，治理较为规范，其对财务管理的有利和不利影响与公司制企业类似。

任务实施

根据调查所得信息，结合书上的内容和法律法规的规定，填写表1-3。

表1-3　　　　不同组织形式的中小企业的财税情况调查表

项目	公司	合伙企业	个人独资企业
效率			
工作复杂度			
抗风险能力			
所有权转移			
所得税义务			
出资评估			
筹资难度			
连续性			
责任形式			
解散后义务			
其他			

考核评价

根据调查情况和反馈填写表1-4来进行考核评价。

表1-4　　　　不同组织形式的中小企业的财税情况调查考核评价表

考核内容		分值（分）	得分
调查活动 70分	调查对象选择	14	
	调查计划的安排	10	
	调查内容的记录和整理	21	
	PPT制作情况	10	
	PPT汇报情况	15	
实训过程 30分	出勤与纪律	7	
	实训态度	8	
	知识掌握程度	7	
	团队合作与创新能力	8	
合　计		100	

●完成情况：也可用"优、良、一般、差"来评价。

温馨提示1-1

思考与练习

1.根据前面的调查，你觉得一家会计公司可以为中小企业提供哪些有针对性的服务工作？

2.中小企业应如何处理财务关系？

项目二　中小企业筹资管理

项目目标

资金是企业的血液，是任何一家企业在开始经营之前都需要考虑、在经营过程中都需要重点管理的事情。在对多数中小企业经营者的调查中，都发现企业最缺的资源之一就是资金。

通过该项目的学习，学生应该：

第一，知晓资金的基本分类；

第二，了解资金计算的主要工具；

第三，能够计算项目所需的资金数额；

第四，熟悉资金筹集的主要渠道；

第五，掌握筹资的技巧，为项目筹资做出合理决策。

项目任务

小王是一名会计学专业的毕业生，毕业时想自己开办一家会计公司。他对开办公司的必要支出进行了估算，大致如下：租一间20平方米左右的办公室，购置两台电脑、一套最基本的财务软件、三套办公桌椅、两台打印机、一台税控机和一台传真机，并事先购置一些办公用品，还需要支付电话费、网费等费用，以及雇员的工资。他简单算了一下创办会计公司所需要的资金，将上面各项支出加在一起大约需要40 000元；对于日后的收入，小王也进行了调查——大约每增加一家客户可以取得每月250元的收入，为每户服务的基本费用大约为20元/月。另外，客户在60户以内时基本上不用增加会计和外勤人员。于是，小王从父母处借了60 000元资金，在完成公司注册后就开张了。可是，令小王没想到的是刚刚经营了几个月公司资金就出现了断流，连支付房屋租金的钱都不够了，你知道这是为什么吗？他该筹集多少资金呢？除了从父母处借钱还有哪些筹集渠道？在筹集资金时有什么技巧吗？

通过本项目的学习以及对1~2家中小企业的调研，应该完成以下任务：

第一，将被调研企业最初对于资金需求量的预测，以及之后资金需求量调整的信息填写在任务实施部分的表格中；

第二，对被调研企业采用的筹资渠道进行整理；

第三，了解被调研企业采用该种筹资方式的原因，分析其是如何做出筹资决策的；

第四，根据所学知识预测小组项目所需资金的数量，并就拟采用的筹资方式进行规划，给出相应的理由。

|导引案例|

资本寒冬后的猝死

甲科技有限公司成立于2017年，是一家专注于无人专车出行服务，致力于提供无人驾驶全栈解决方案，主打L4自动驾驶的世界顶尖驾驶公司。公司的CEO佟某某、CTO衡某和首席科学家周某是百度北美研发中心的同事。

佟某某是弗吉尼亚理工大学无人车方向博士，曾就职于苹果特殊项目组、英伟达自动驾驶算法组，在百度硅谷团队负责无人车定位和地图；衡某曾就职于特斯拉Autopilot组、谷歌地图街景组，在百度担任自动驾驶项目组技术委员会核心委员；周某从得州大学博士毕业后，即加入百度硅谷无人车团队，负责标定、感知等方面的工作，没有其他工作经历，因此在公司中的存在感稍弱。2017年5月，那某某加入公司任首席战略官（财务总监），负责公司的对外合作和投融资、财务，其和佟某某是哈工大同学，东京大学计算机硕士，数据挖掘方向，在东京做过咨询，做过董秘，拥有公司3%的股份，但不在联合创始人之列。

公司创立之初，佟某某、衡某和周某三人股份比例为1∶1∶1，之后，三人通过以CEO佟某某持有较多股份、CTO衡某和首席科学家周某的股份保持一致的方案开始积极寻求融资，开始在无人车的行业里敲响战鼓。经过天使轮和A轮融资后，佟某某持股16.8%，衡某和周某分别持股10.2%。

2018年3月，首席科学家周某拉上CEO佟某某，以及公司的首席战略官那某某，计划赶走CTO衡某。但是计划执行过程中，本是带头人的周某看到那某某赶走同事的积极性之后让他深感不安，又想到佟某某和那某某是哈工大同学，两人加起来的股份远超过他，这让周某有了"唇亡齿寒"的感觉。

2018年5月，公司再获得1.28亿美元（约合8.12亿元人民币）的A轮融资，公司估值达到9亿美元。

那某某作为首席战略官，承担了引进投资的工作。投资人打款之后，本是希望公司能把钱放到兴业银行，让多余的资金先吃银行利息。但那某某觉得银行理财收益太低，所以并没有依投资人所愿，反而把钱取了出来，买入了年化利率为5.8%的五矿信托产品和4%的奇点金服等理财产品。投资人在2018年5月A轮融资后，发现公司用投资款购买非保本理财产品；那某某说他买的不是P2P产品，没有造成资产损失，佟某某也表示买理财产品没给公司造成损失。当时佟某某是董事长、法定代表人、CEO，投资人与佟某某协商，希望那某某可以调整位置或者让那某某离开公司等。

2018年7月至8月，已基本谈好B轮融资，公司估值8亿美元，但2018年8月曝出创始团队内讧，投资人放弃投资计划。2018年9月，公司召开董事会，那某某被免职，佟某某被罢免 CEO 职位，保留董事职位。原 CTO 衡某接任代理 CEO，首席科学家周某则接替衡某成为 CTO。

让两人出局的同时，投资人希望能掌控公司公章和网银 U 盾，于是委派周某前去向佟某某取回，但佟某某并不乐意，为了争夺公章两人爆发冲突，甚至传出了"械斗"的消息。但最终佟某某还是把公章和 U 盾交给了投资人。

在经历前期的矛盾冲突后，2018 年 10 月，投资人表示希望 3 位创始人内部协商解决问题，希望他们冰释前嫌，放下个人恩怨，将公司往前推进，没有想过立刻派一个人进来，投资人于是选择了衡某做 CEO。衡某的性格像"大学教授"，执行力比较弱，很多事情虽然能说但是并不会做；而周某的性格则类似于"江湖大哥"，能够与下属打成一片，容易聚拢人心。所以，周某的存在很快让新走马上任的 CEO 衡某感到了危机。明明自己才是 CEO，但 40 多名技术人员却开始全部向周某汇报工作，而自己仅负责市场方向的工作。

2019 年 1 月 21 日，公司的两位创始人佟某某和衡某，在企业官方公众号上发布公司公告，列举公司创始人周某"三大罪状"——私开代码库、数据造假、收受回扣的违纪行为，决定罢免周某的一切公司职务并与之解除劳动合同。晚间，署名公司全体投资人的资本方发表声明，认为："解除周某职务的决定有损公司和股东的核心利益，并且程序上也违反了与投资人的相关协议，并不生效，建议团队成员充分沟通，消除分歧。"2019 年 1 月底，参与 A 轮投资的多位投资人提出诉讼仲裁，企图通过仲裁实现退出。而周某于 2019 年 2 月 27 日和 3 月 25 日，分别将佟某某、衡某以及公司告上法庭。

在经历一系列的矛盾冲突僵化后，投资方失去了耐心和信心，介入协调，最终强制要求公司清盘退出。2019 年 4 月 2 日，其中一位投资人将佟某某和甲科技有限公司告上法庭。就这样，一家一直不缺钱，曾经一度闪耀无比的明星无人驾驶公司悄然倒下，不仅创始人四散出走，投资方仲裁清算，办公室也关门停工。

资料来源　林强. 资本寒冬后的猝死——中国第一家无人车公司的短暂辉煌[EB/OL]. 摘自微信公众号"问题管理"，有改动.

案例解析：

处理好企业的财务关系是任何一家中小企业财务管理的核心内容，尤其是创始人之间关系的处理。对外进行股权筹资时的股权结构设计，不仅仅决定着股份构成，更是一个企业能否健康发展的基因。企业的经营者一定要学会分享，在财散的同时将人才聚拢，而不应该更多地将目光盯在钱上，使企业丧失持续发展的契机；筹资过程中应遵循法律法规和道德约束，充分了解筹资技巧。

|案例笔记|

■ 从合理合法渠道筹集所需资金，拒绝非法集资。

■ 树立机会成本意识，管好用好每一笔资金，发挥其最大效益。

■ 天使投资和风险投资投入企业的不仅仅是资金，还包括人力、渠道、技术等支持，中小企业应善于利用外部的股权筹资渠道，拓宽合作范畴。

■ 尊重知识产权，维护其拥有者的法定权利。

■ 形成对资金重要性的认识，可以对企业经营所需资金进行全面估计，及时足额筹集资金，保障资金池不断流，避免陷入破产清算局面。

■ 1元钱不等于1元钱。不同时间得到的资金，分布在不同领域和不同资产上相等金额的资金，其价值不等。

任务一　企业经营需要多少资金？

任务分析|

大学生创业最大的困难之一就是缺钱，但是，绝大多数的大学生创业者又不知道缺多少钱，很多中小企业的老板面临同样的困惑。那么，创办和经营一家企业需要多少资金呢？要给予明确的回答，需要完成以下任务：

第一，了解资金的基本分类；

第二，熟悉估计企业资金的方法和工具；

第三，可以用学到的工具对项目所需的资金进行估计。

相关知识|

一、中小企业所需资金的种类

为合理估计企业资金需求量，首先需要了解资金的基本分类。

（一）按照资金投入企业的时间，可分为投资资金和营运资金

投资资金发生在企业开业之前，是企业在筹办期间发生各种支出所需要的资金。投资资金包括企业在筹建期间为取得原材料、库存商品等流动资产投入的流动资金[①]，购建房屋建筑物、机器设备等固定资产，购买或研发专利权、商标权、版权等无形资产投入的非流动资金，以及在筹建期间发生的人员工资、办公费、培训费、差旅费、印刷费、注册登记费、营业执照费、

---

① 流动资产是企业可以在一年或者超过一年的一个营业周期内变现或者运用的资产。

市场调查费、咨询费和技术资料费等开办费用所需的资金。

营运资金是从企业开始经营之日起到企业能够做到资金收支平衡为止的时间内企业发生各种支出所需要的资金，以及日后扩大再生产过程中需要追加投入的资金，是投资者在开业后需要继续向企业投入的资金。企业从开始经营到能够做到资金收支平衡为止的时间叫作营运前期，营运前期的资金投入一般主要是流动资金，既包括投资在流动资产上的资金，也包括用于日常开支的费用性支出所需的资金；扩大再生产时的追加投资，既会涉及流动资产投资，也会涉及非流动资产投资。

营运前期的时间跨度往往依企业的性质而不同，一般来说，贸易类企业可能会短于一个月；制造类企业的营运前期则包括从开始生产之日到销售收入到账这段时间，可能要持续几个月甚至几年；对于不同的服务类企业，其营运前期的时间会有所不同。对营运资金重要性的认识，有利于企业经营者充分估计所需资金的数量，及时、足额地筹集资金。

（二）按照资金的占用形态和流动性，可以分为流动资金和非流动资金

占用在原材料、在产品、库存商品等流动资产上，以及用于支付工资和各种日常支出的资金，被称为流动资金；用于购买机器设备、建造房屋建筑物、购置无形资产等的资金，被称为非流动资金。

流动资金的流动性较好，极易使用和变现，一般可在一个营业周期内收回或耗用，属于短期资金的范畴，在估算企业资金需求时需考虑其持续投入的特性，选择短期筹资的方式筹集相应资金；非流动资金占用的期限较长，不能在短期内收回，具有长期资金的性质，能够在1年以上的经营过程中给企业带来经济利益的流入，企业在进行所需资金估算时，往往将其作为一次性的资金需求对待，采用长期筹资的方式筹集相应资金。

二、资金数量的计算

测算经营所需资金需要充分考虑投资资金和营运资金的需求。计算所需资金数量可以采用列表的方式或者公式的方式进行。

（一）列表法计算经营所需资金

1.投资资金测算

经营者需要按照资金分类中提到的投资资金项目，逐一测算每项资金的需求数量。最后加总得到开业前需要投入的资金金额。可以搜索同行业其他企业投资的数据进行参考。

一般来说，在估算投资资金时，大部分经营者均能想到购置厂房、设备及材料等的支出，以及员工的工资支出、广告费，但常常会忽略诸如机器设备安装费用、厂房装饰装修费用、经营者自身的工资支出、业务开拓费、相关税费等开业前可能发生的其他大额支出，因此，采用表格的形式，将投资

资金的项目予以固定化，是合理估算所需资金的有效方法。投资资金估算的内容见表2-1的第二列。

2.营运资金测算

中小企业开办之初企业经营的不确定性较大，对于营运资金的测算需要分月度进行，逐月分析生产经营过程中需要发生的各种支出及其具体金额，同时考虑经营过程中的资金流入，计算资金流入和资金流出的差额，分月计算营运前期时段内每个月资金流出大于资金流入的金额，其结果就是需要追加的资金数额。

可以运用表2-1来计算企业所需资金的数量。

表2-1　　　　　　　　　　　经营所需资金计算表

项目	开业前投资资金	开业后营运资金			
		1	2	…	合 计
房屋					
设备					
办公家具					
办公用品					
员工工资					
经营者自身的基本支出					
相关税费					
业务开拓费					
广告费					
水电费					
电话费					
保险费					
设备维护费					
软件费					
⋮					
资金支出合计					
资金收入					
投入资金数额					

（二）公式法计算营运资金

可以通过盈亏平衡分析的方法计算所需的营运资金数量。

中小企业开始经营的初期，盈亏平衡分析有利于创办者知道企业何时可以实现盈利，帮助其进一步洞察企业的财务潜力，还可以帮助经营者进行营运资金需求量的预测。经营者可以通过计算资金的盈亏平衡点来确定营运前期所需要的时间，然后据以计算经营企业所需要的营运资金数额。资金的盈亏平衡点的计算公式如下：

$$资金的盈亏平衡点 = \frac{每月固定的资金支出}{单位业务的资金净流入}$$

根据计算的资金的盈亏平衡点数额，以及市场调查得出的营业量的变化情况，可以确定实现资金盈亏平衡的时间，计算所需营运资金的数量。

营运资金 = 实现资金盈亏平衡的时间 × 每月固定的资金支出

在很多行业中，营运资本的资金需求要远远大于投资资本的资金需求。

任务实施

在观看有关视频以及对相关知识进行学习的基础上，结合所调研企业的信息，完成以下任务：

一、概述企业资金的不同分类。

拓展阅读 2-1
如何节省开
支、估算资金

二、填写被调研企业资金需求信息。

根据被调研企业的资金需求情况填写表 2-2。

表2-2　　　　　　　　　被调研企业资金需求信息表

项目	初始对资金需求的预测	实际的资金需求
被调研企业 1		
被调研企业 2		

三、被调研企业当初是如何估计资金需求的？对你有何启发？

（一）投资资金

（二）营运资金

四、为了合理估计资金需求，你有什么好的建议？

任务二　资金筹集有哪些渠道？

任务分析

据国外文献记载，破产倒闭的企业中有 85% 以上的企业是盈利情况非常好的。其破产清算的主要原因是资金断流。因此，了解筹资渠道对于有外部资金需求的企业来说有着非常重要的意义。

在学习本任务的过程中，需要完成以下几点：

首先，观看慕课或者阅读教材，熟悉各种不同的筹资渠道；

其次，调研 1~2 家中小企业，了解其采用的主要筹资渠道；

最后，通过采访了解其采用上述筹资渠道的原因，结合理论给出相应建议。

相关知识

拓展阅读2-2
著名的风险投资者，知识产权筹资

一、股权资金筹集渠道

股权资金筹集渠道是中小企业最重要的筹资渠道，尤其是其中的个人积蓄部分；而风险投资又是高成长企业从外部筹集资金的主要选择，因为除了资金还可以得到风险投资机构其他方面的帮助和支持。

股权融资形成企业的股权资本，也称权益资本、自有资本，是企业依法取得并长期持有且可自主调配运用的资金。广义上的股权融资包括内部股权融资和外部股权融资。外部股权融资的途径主要有个人储蓄、亲友投资、天使投资、风险投资、其他企业投资等形式。

1.个人储蓄和亲友投资

中小企业创办者个人储蓄的投入，表明了创始人对于项目前景的看法，是其日后继续向企业投入时间和精力的保证，也是对债权人债权的保障。因此，个人储蓄是中小企业融资最初的渠道，也是最为根本的渠道。

将个人合伙人或个人股东纳入自己的创业团队，利用团队成员的个人储蓄是创始人最常用的筹资方式之一。就中国目前的状况而言，家庭作为市场经济的三大主体之一，在创业中起到重要的支持作用。以家庭为中心，形成的以亲缘、地缘、商缘等为经纬的社会网络关系，对包括创业融资在内的许多创业活动产生重要影响，因此，创业者及其团队成员的家庭储蓄一般归入个人储蓄的范畴。

如果亲友既看好创业项目，又信任创业者，可能会对项目投入部分资金，这部分资金也是创业初期股权融资的主渠道。

小米融资成功的原因也一样，小米初期的每个员工几乎都把全部身家拿出来投给小米，这就能让投资人相信，创业者是真正破釜沉舟地去参与创业。小米除了公司员工的投资外，在2010年就融资了500万美元，而当时能融到钱的原因，则是雷军给投资人打了通宵的电话，对投资人承诺"你投500万美元我也投500万美元"。雷军总结称，要融到花不完的钱，首先你得找到一个真正的市场，然后你要努力说服投资人，自己是真正倾注了全部的精力和金钱来创业，这样投资人才能相信你会成功。[①]

2.天使投资和风险投资

天使投资是自由投资者或非正式机构对有创意的创业项目或小型初创企业进行的一次性的前期投资，是一种非组织化的创业投资形式。曾经的创业者、传统意义上的富翁、大型高科技公司或跨国公司的高级管理者是主要的天使投资人，在部分经济发展良好的国家中，政府也扮演了天使投资人的角色。天使投资属于广义的风险投资的一种。中小企业在创办过程中若能够得到天使投资的青睐，在一定程度上可以说明项目的吸引性和可行性，会加大企业成功的概率。

狭义的风险投资是由专业机构提供的投资于极具增长潜力的中小企业并参与其管理的权益资本。风险投资往往以股权的方式进行投资，投资企业会

---

① 佚名. 雷军：小米最初找合伙人是靠"无赖"做法［EB/OL］. (2014-05-20). http://tech.163.com/14/0520/11/9SMESQKF000915BF.html.

积极参与所投资企业的创业过程，以整个中小企业作为经营对象，比较看重"人"的因素，是一种高风险、高收益的组合投资。根据风险投资的潜规则，一般情况下，专业的风险资金是不希望控股的，只占30%左右的股权，它们更多地希望中小企业的管理层能对企业拥有绝对的自主经营权。因此中小企业创办者在创业初期选择风险投资时要拿出适量的钱，以便未来在企业需要进一步融资时，不至于稀释股份而丧失对企业的控制权。[①]对于创始人来说，如果所创企业符合风险投资家的项目选择标准，则风险资本是一种比较好的融资方式。通过风险资本不但可以筹集资金，还可以得到风险投资家专业的帮助和指导。

3.其他企业投资

对于已经成功经营一段时间的企业，尤其是现金流比较充沛的企业，如果没有好的投资机会，或者出于多元化投资的考虑，也会选择将资金投给中小企业。比如腾讯除了加盟投资新东方、京东、华谊兄弟、滴滴、金山、58同城等企业外，还自投资金布局了影视、游戏、音乐、众创空间、旅游等众多行业，把即时通信、个人空间、视频、音乐等功能真正串联起来，构成一个真正的web2.0社区。近十年，腾讯公开对外投资1 175起，披露总投资金额12 759.3亿元，参投项目共925个。2021年腾讯对外投资257起，同比增长59.6%，披露投资金额2 007.87亿元，同比增长8.1%，主要投资的赛道分布在文娱、企业服务等，这两个领域的投资额占据了半壁江山。[②]

4.留存收益

中小企业在创建启动阶段及较早发展阶段，其内部积累显得格外重要。采用内部积累方式融资符合融资优序理论的要求，也是很多中小企业经营者的必然选择。内部积累的资金来源主要是企业在经营过程中赚取的利润。[③]

二、债权资金筹集渠道

债权融资形成企业的债务资本，也称借入资本，是企业依法取得并依约运用、按期偿还的资本。亲友借款、金融机构贷款、交易信贷和融资租赁、中小企业信用担保贷款等是常用的债权融资方式。

1.亲友借款

个人积蓄不足时，中小企业的创始人可以向其亲朋好友借入资金，亲友借款也是企业融资的主要方式之一。需要提醒的是，在向亲友融资时，创始人必须要用现代市场经济的游戏规则、契约原则和法律形式来规范融资行为，保障各方利益，减少纠纷。如约定好亲友借款的利率、还本付息的方式

---

① 赵旭.新视点：ＶＣ更看重创业团队［J］.科技创业，2009（4）：80.
② 佚名.腾讯投资十年：2021年腾讯对外投资数量创新高，同比增长59.6%［EB/OL］.（2022-03-07）.https：//baijiahao.baidu.com/s?　id=1726606889345690280&wfr=spider&for=pc.
③ 王艳茹.创业资源［M］.北京：清华大学出版社，2014：157.

和时间等。

2.金融机构贷款

金融机构贷款是指企业向银行或非银行类金融机构借入的款项。非银行金融机构指以发行股票和债券、接受信用委托、提供保险等形式筹集资金，并将所筹资金运用于长期性投资的金融机构。非银行金融机构包括经银保监会批准设立的信托公司、企业集团财务公司、金融租赁公司、汽车金融公司、货币经纪公司、境外非银行金融机构驻华代表处、农村和城市信用合作社、典当行、保险公司、小额贷款公司等机构。

比较适合中小企业的金融机构贷款的形式主要有抵押贷款和担保贷款两种。缺乏高质量担保资产、规模较小的中小企业，比较难以获得信用贷款。

（1）抵押贷款。抵押贷款指借款人以其所拥有的财产作抵押，作为获得银行贷款的担保。在抵押期间，借款人可以继续使用其用于抵押的财产。抵押贷款有以下几种：

① 不动产抵押贷款。不动产抵押贷款是指中小企业经营者可以土地、房屋等不动产作抵押，从银行获取贷款。

② 动产抵押贷款。动产抵押贷款是指中小企业经营者可以用机器设备、股票、债券、定期存单等银行承认的有价证券，以及金银珠宝首饰等动产作抵押，从银行获取贷款。

③ 无形资产抵押贷款。无形资产抵押贷款是一种创新的抵押贷款形式，适用于拥有专利技术、专利产品的中小企业经营者，中小企业经营者可以用专利权、著作权等无形资产向银行作抵押或质押获取贷款。

（2）担保贷款。担保贷款指借款方向银行提供符合法定条件的第三方保证人作为还款保证的借款方式。当借款方不能履约还款时，银行有权按照约定要求保证人履行或承担清偿贷款连带责任。其中较适合中小企业的担保贷款形式有：

① 自然人担保贷款。自然人担保贷款是指经由自然人担保提供的贷款。可采取抵押、权利质押、抵押加保证三种方式。

② 专业担保公司担保贷款。目前各地有许多由政府或民间组织建立的专业担保公司，可以为中小企业提供筹资担保，像北京中关村担保公司、首创担保公司等，其他省、市也有很多此类性质的担保机构为中小企业提供筹资担保服务，这些担保机构大多属于公共服务性非营利组织，企业可以通过申请，由这些机构担保向银行借款。

（3）信用卡透支贷款。中小企业的经营者可以采用两种方式取得信用卡透支贷款。一种方式是信用卡取现，另一种方式是透支消费。信用卡取现是银行为持卡人提供的小额现金贷款，在持卡人急需资金时可以帮助其解决临时的筹资困难。中小企业的经营者可以持信用卡通过银行柜台或ATM机提取现金灵活使用。透支取现的额度根据信用卡情况设定，不同银行的取现标准不同，最低的是信用额度的30%，最高的可以将信用额度的100%都取出来；另外，除取现手续费外（各银行取现手续费不一），境内外透支取现还须支付利息，不享受免息待遇。中小企业的经营者还可以利用信用卡进行透支消费，购置企业亟需的财产物资。

（4）其他贷款。中小企业经营者可以灵活地将个人消费贷款用于企业经营，如因需要购置沿街商业房，可以用拟购置房子作抵押，向银行申请商用房贷款，若需要购置轿车、卡车、客车、微型车等，还可以办理汽车消费贷款。除此之外，托管担保贷款、买方贷款、项目开发贷款、出口创汇贷款、票据贴现贷款等也是可供中小企业经营者选择的银行贷款方式。

（5）非银行金融机构贷款。其类型有保单质押贷款、实物质押典当贷款和小额贷款公司贷款。保险公司为了提高竞争力，也为投保人提供保单质押贷款。保单质押贷款最高限额不超过保单保费积累的70%，贷款利率按同档次银行贷款利率计息。当前，有许多典当行推出了个人典当贷款业务。借款人只要将有较高价值的物品质押在典当行就能取得一定数额的贷款。典当费率尽管要高于银行同期贷款利率，但对于急于筹集资金的中小企业来说，不失为一个比较方便的筹资渠道。典当行的质押放款额一般是质押品价值的50%~80%。小额贷款公司由自然人、企业法人与其他社会组织投资设立，不吸收公众存款，经营小额贷款业务的有限责任公司或股份有限公司，发放贷款坚持"小额、分散"的原则。小额贷款公司发放贷款时手续简单，办理便捷，当天申请基本当天就可放款，可以快速地解决新创企业的资金需求。①

中小企业可以根据企业需要，结合筹集资金的目的，选择筹集长期或短期的资金，一方面，使资金的来源和运用在期间上相匹配，提高偿还债务的能力；另一方面，尽可能地降低资金的筹集成本，提高企业的经济效益。

3.交易信贷和融资租赁

交易信贷是指企业在正常的经营活动和商品交易中由于延期付款或预收货款所形成的企业间常见的信贷关系。企业在筹办期以及生产经营过程中，均可以通过商业信用的方式筹集部分资金。如企业在购置设备或原材料、商品的过程中，可以通过延期付款的方式，在一定期间内免费使用供应商提供的部分资金。

中小企业还可以利用供应链金融进行融资，如利用优质供应商、优质订单或应收账款融资，利用企业的存货进行货押融资，利用企业的过往纳税、过往出口退税做质押向银行申请贷款，还可以利用企业的代发薪、银行结算

---

① 王艳茹，等. 创业财务［M］. 北京：清华大学出版社，2017：46.

流水等申请薪金贷和流水贷；申请科技贷、政府采购贷等。

中小企业也可以通过融资租赁的方式筹集购置设备等长期性资产所急需的资金。融资租赁是指实质上转移与资产所有权有关的全部或绝大部分风险和报酬的租赁。由于其融资与融物相结合的特点，出现问题时租赁公司可以回收、处理租赁物，因而在办理融资时对企业资信和担保的要求不高，非常适合中小企业融资。

4.中小企业信用担保贷款

中小企业信用担保贷款是指中小企业在向银行融通资金的过程中，根据合同约定，由依法设立的担保机构以保证的方式为债务人提供担保，在债务人不能依约履行债务时，由担保机构承担合同约定的偿还责任，从而保障银行债权实现的一种金融支持制度。信用担保可以为中小企业的创业和融资提供便利，从而分散金融机构的信贷风险，推进银企合作。

从20世纪20年代起，许多国家为支持中小企业发展，先后成立了为中小企业提供筹资担保的信用机构。目前，全世界约有48%的国家和地区建立了中小企业信用担保体系。我国从1999年开始，已经形成了以中小企业信用担保为主体的担保业和多层次中小企业信用担保体系，各类担保机构资本金稳步增长。

三、政府资金筹集渠道

政府的资金支持是中小企业资金来源的一个重要组成部分。综合世界各国的情况，政府的资金支持一般占中小企业外来资金的10%左右，资金支持方式主要包括：税收优惠、财政补贴、贷款援助、风险投资和开辟直接融资渠道等。[①]政府支持资金的种类有再就业小额担保贷款、科技型中小企业技术创新基金、中小企业国际市场开拓资金等。

科技型中小企业技术创新基金是经国务院批准设立，用于支持科技型中小企业技术创新的政府专项基金，扶持和引导科技型中小企业的技术创新活动。根据中小企业和项目的不同特点，创新基金的支持方式主要有：贷款贴息、无偿资助、资本金投入等。另外，科技部的863计划、火炬计划等，每年也会有一定数额的资金用于科技型中小企业的研发、技术创新和成果转化。

中小企业国际市场开拓资金是由中央财政和地方财政共同安排的专门用于支持中小企业开拓国际市场的专项资金。

财政部设有利用高新技术更新改造项目的贴息基金，国家重点新产品补助基金；国家发展和改革委员会设有产业技术进步资金资助计划、节能产品

拓展阅读2-3
供应链金融在
中小企业融资
中 的 运 用/普
惠金融和中小
企业融资

---

① 陈乐忧. 中小企业融资它山之石［J］. 财会通讯（综合），2008（10）：20.

贴息项目计划；工业和信息化部设有电子信息产业发展基金等。人力资源和社会保障部设有开业贷款担保政策、小企业担保基金专项贷款、中小企业贷款信用担保、开业贷款担保、大学生科技创业基金等。

中小企业应结合自身情况，利用好相关政策，获得更多的政府基金支持，降低融资成本。

任务实施

通过对本任务的学习，结合对中小企业的调查，完成以下内容的梳理和总结：

微课2-1
资金需求预测

一、中小企业主要的筹资渠道。

（一）股权筹资渠道。

（二）债权筹资渠道。

二、被调研企业的筹资渠道及其对自己的启发。

1.被调研企业采用的筹资渠道。

2.对自己的启发。

三、分析被调研企业采用上述筹资渠道的原因，结合所学给出你的相应建议。

任务三　中小企业的资金筹集有哪些技巧?

任务分析

计算出中小企业需要的资金数量,了解了主要的融资渠道后,还需要对不同筹资方式的特点进行了解,熟悉筹资的相应技巧,才能够提高获得资金的机会。

通过对本任务知识的学习,应该:

首先,对股权资金和债权资金的优缺点进行了解;

其次,熟悉股权资金和债权资金在决策时需要考虑的主要因素;

最后,调研1~2家曾经对外筹集过股权资金的中小企业,了解其对企业的估价方法,及其对股权结构的考虑。

相关知识

一、股权资金和债权资金的比较

通过股权筹资方式获得的资金既可以充实企业的营运资金,也可以用于企业的投资活动。通过债权筹资所获得的资金,企业首先要承担资金的利息,另外在借款到期后要向债权人偿还资金的本金。

对于中小企业来说,股权筹资和债权筹资有各自的优缺点,见表2-3。

表2-3　　　　　　　　股权筹资和债权筹资的比较

比较项目	股权筹资	债权筹资
本金	永久性资本,保证企业最低的资金需要	到期归还本金
资金成本	根据企业经营情况的变动,资金成本相对较高	事先约定固定金额的利息,资金成本较低
风险承担	低风险	高风险
企业控制权	按比例或约定享有,分散企业控制权	无,企业控制权得到维护
资金使用限制	限制少	限制多

债权筹资的资金成本较低,合理使用还能带来杠杆收益,但债权资金使用不当会带来企业清算或终止经营的风险;股权资金的资金成本由于要在所

得税之后支付，成本较高，但由于在企业正常生产经营过程中，不用归还投资者，是一项企业可永久使用的资金，没有财务风险。

二、筹资决策需要考虑的因素

经营者在筹集资金时应对债权资金、股权资金的优缺点进行比较，并考虑企业资金的可得性，企业自身的风险收益特征，企业生命周期阶段，筹资的成本和风险，以及控制权分散等问题来进行综合分析。

1.资金的可得性

对于大量亟须资金的中小企业，可能很多时候对于融资方式的选择是迫于无奈，无论哪一种方式，只要能够满足当时的资金需要，解企业的燃眉之急即可。资金的可得性会成为企业经营者考虑的首要问题。但是，如果规划适当，则可以更加理性地进行决策。

2.企业自身的风险收益特征

中小企业所处的行业不同，其面临的风险收益特征会有很大的不同，从而导致融资方式的选择会有所不同，见表2-4。

表2-4　　　　　　　　　　　　中小企业类型和融资方式

中小企业类型	中小企业特征	融资方式
高风险、预期收益不确定	弱小的现金流 低、中等成长 未经证明的管理层	个人积蓄、亲友款项
低风险、预期收益易预测	一般是传统行业 强大的现金流 优秀的管理层 良好的资产负债表	债权融资
高风险、预期收益较高	独特的商业创意 高成长 利基市场 得到证明的管理层	股权融资

资料来源：巴林格ＢＲ，爱尔兰ＲＤ.创业管理：成功创建新企业［Ｍ］. 杨俊，薛志红，等译. 张玉利，审校. 北京：机械工业出版社，2010：171.

3.企业生命周期阶段

在种子期，企业处于高度的不确定性中，很难从外部筹集债权资金，创业者个人积蓄、亲友款项、天使投资、创业投资以及合作伙伴的投资可能是其采用较多的融资渠道；进入启动期之后，中小企业经营者还可以使用抵押贷款的方式筹集债权资金。

　　企业进入成长期以后，已经有了前期的经验基础，发展潜力逐渐显现，资金需求量较以前有所增加，融资渠道上也有了更多的选择。在早期成长阶段，企业在获得常规的现金流用来满足生产经营之前，会更多采用股权融资的方式筹集资金，战略伙伴投资、创业投资等是常用的融资方式，此时也可以采用抵押贷款、租赁以及商业信用的方式筹集部分生产经营所需的资金；成长期后期，企业的成长性得到充分展现，资产规模不断扩大，产生现金流的能力进一步提高，有能力偿还负债的本息，此时，企业更多采用各种负债的方式筹集资金，获得经营杠杆收益。

　　企业生命周期阶段和融资渠道的对应关系见表2-5。

表2-5　　　　　　　　　　　企业生命周期与融资渠道

融资渠道	种子期	启动期	早期成长期	成长期后期
个人积蓄				
亲友款项				
天使投资				
合作伙伴				
创业投资				
抵押贷款				
融资租赁				
商业信用				

　　表2-5中深灰色的区域为该阶段采用较多的融资渠道，浅灰色的区域为该阶段也可能会采用的融资渠道。

　　4.筹资的成本和风险

　　不同筹资渠道成本和风险的比较见表2-3的描述。

　　5.控制权分散

　　大量学生的创业案例显示，在创业早期，创业团队的股权被过分稀释，使团队失去对企业的控制权，并由此给企业发展后劲带来严重问题。因此，中小企业在对外筹集股权资金时，一定要关注股权设计，保证创始人（团队）对企业的控制权。

三、企业价值评估及股权结构设计

　　如果中小企业想从外部筹集股权资金，就会涉及企业的估值问题，而且会改变股权结构。

微课2-2
企业估值及股
权结构设计

（一）中小企业价值评估

通过价值评估所得到的价值，是企业的内在价值，它既不同于账面价值，也不同于市场价值。

1.内在价值概述

内在价值，是企业创造的现金流量按照一定的折现率折现之后的价值。由于中小企业经营者和投资者对企业未来产生现金流量的估计不同，以及采用的折现率不同，对同一家企业内在价值的估计可能会存在差异。在中小企业吸引外部股权投资时，往往需要就经营者对企业的估值和投资者愿意支付的"价格"进行讨价还价，最终确定一个双方均可以接受的"价格"。

2.相对估值模型

相对估值模型可以分为可比公司法和可比交易法。

（1）可比公司法。可比公司法也叫相对价值法，是利用类似公司的市场定价来确定目标企业价值的估价方法。这种方法首要选择同行业可比或可参照的上市公司，以同类公司的估值与财务数据为依据，计算出主要的财务比率，然后用这些财务比率作为市场价格乘数来推断目标企业的价值。

企业价值=价值驱动因素×乘数

根据价值驱动因素的不同，可比公司法可分为市盈率法、市净率法、市销率法、公司价值倍数法和博克斯法等。

市盈率是指每股市价和每股盈余的比率（或者公司市值和净利润的比率，经常用P/E表示）。常用的上市公司市盈率有两种：

历史市盈率=当前市值÷公司上一财务年度的净利润

预测市盈率=当前市值÷公司当前财务年度的净利润

目标企业价值=可比公司市盈率×目标企业未来12个月的净利润

投资人投资的是企业的未来，是对企业未来经营能力做出的评价，所以预测市盈率更为常用。在国内风险投资市场上，P/E法是一种比较常见的估值方法。在企业的首轮融资中，投资后的估值是原来的8~10倍，这个倍数对不同行业的企业和不同发展阶段的企业有所不同。

目标企业未来12个月的利润可以通过企业的财务预测进行估计。因此，估值的关键问题是如何确定预测市盈率。一般来说，预测市盈率是在历史市盈率的基础上打个折扣。假设美国NASDAQ某个行业的平均历史市盈率是40倍，则预测市盈率是30倍；对于同行业、同等规模的非上市公司来说，参考的市盈率需要再打个折扣，比如15~20倍；同行业且规模较小的中小企业可以是7~10倍。这是国内主要的风险投资机构对企业估值使用的P/E倍数。

其他方法此处不再赘述，可以通过拓展阅读了解。

（2）可比交易法。可比交易法是指通过选择与中小企业同行业，且在前段时间被投资或被并购的公司为参考，以其融资或并购交易的定价为依据，在进行一定调整后对企业进行估值的方法。

可比交易法不对市场价值进行分析，只是统计同类公司融资并购价格的平均溢价水平，再用这个溢价水平来计算目标企业的价值。这种方法也是中国风险投资界经常采用的估值方法。

3.绝对估值模型。绝对估值模型主要采用现金流量折现法。现金流量折现法是一种比较成熟的估值方法，是通过预测企业未来现金流量和资本成本，用预测的资本成本对企业未来的现金流量进行贴现计算企业价值的方法。其计算公式如下：

$$企业价值 = \sum_{i=1}^{n} \frac{企业自由现金流量}{(1 + 企业加权平均资金成本)^i}$$

企业自由现金流量＝经营现金净流量－资本支出

＝（EBIT－所得税＋折旧与摊销－营运资本增加）－资本支出

其中：

营运资本＝流动资产－流动负债

营运资本增加＝期末营运资本－期初营运资本

资本支出＝长期资产增加＋折旧与摊销

＝期末长期资产－期初长期资产＋折旧与摊销

如果企业处于初创期，现金流量往往有很大的不确定性，因此，其贴现率比成熟的在位企业要高很多。对于寻求种子资本的中小企业来说，其资本成本可能高达50%～100%，早期中小企业的资本成本为40%～60%，更加成熟的有丰富经营记录的公司的资本成本一般为10%～25%。

这种方法一般适用于较为成熟、偏后期的私有公司或上市公司。

（二）中小企业股权设计

在企业初创期，合伙人的股权最好分为资金股与人力股。如果企业启动资金不超过30万元，资金股不应超过10%；启动资金不超过50万元，资金股不应超过15%；启动资金不超过100万元，则资金股不超过20%。[①]具体来说，股权架构在设计时可以遵循如下原则：

1.科学设定股权比例结构

股权分配背后对应的是如何搭班子，因此，在划分股权比例时，可以参照典型股权架构的模式，也可以按照实际情况设定，但最好不要在创始人之间均分股份（平股），而且最好有大股东（半数以上投票权）；且大股东不要吃独食，要合理分配股权。

举例如下：

（1）如果是3人一起创业，可以采用5：3：2或6：3：1的股权比例，

---

① 冯珊珊. 创业公司的"股权架构师"［J］. 首席财务官，2016（3）：72-75.

这样看起来既有大股东的存在，中小股东的股权比例也比较适当，有利于企业日后的生产经营决策。

（2）如果是4人一起创业，不建议采用50%∶40%∶5%∶5%的比例，因为这样的股权架构会使得公司的决策权飘忽不定，5%的持股者将会成为持股50%和40%股东的拉拢对象，不利于公司决定权的稳定性；如果40%的持股者是投资人的话，一旦出现其决策与创业者不和，由于他的股权占比超过了1/3，有可能使创业者无法推进任何公司重大决策。4人创业可采用50%∶25%∶15%∶10%的比例，这样设定使企业创始人股权较大，投资人和其他创始人的股份比例相对比较小，有利于决策权的稳定。①

根据对硅谷以及中国赴美上市的互联网公司的股权架构的实证分析，可以得出一个创新创业企业股权分配的框架，能作为种子或天使阶段的创业企业股权比例分配的一个参考。如图2-1所示，这个参考模型对各发起创业项目的全职参与者（发起人）应获得的股权比例，进行了结构化的安排，即每个发起人的股权比例取决于四个因素：创始人身份、发起人身份、出资情况、岗位贡献。②

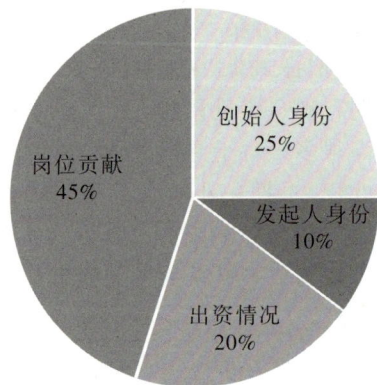

图2-1　发起人所占股权比例的四要素模型

创始人持有多少股权算合理呢？中小企业可以在一定程度上参考比较成功的企业的做法。互联网领域成功的上市企业中马云是7.8%，马化腾是14.43%，周鸿祎是18.46%，刘强东是20.468%，李彦宏是22.9%。谷歌的佩奇与布林是14.01%与14.05%，Facebook的扎克伯格是23.55%。因此，很多律师认为20%上下算是常态。

2.明确界定投资者权利

中小企业经营者需要明白持股比例和控制权比例并不一定对等，同股不一定同权。因此，在设计股权架构时可以采用"同股不同权"的方法，或签

① 何德文. 创业者该如何设置公司的股权架构［EB/OL］.（2014-11-12）. http://money.163.com/14/1112/08/AARB01QJ00253G87.html.
② 王君卫. 创业股权架构设计要害［J］. 董事会，2015（11）：103-105.

订"一致行动协议"，或实行"二元股权结构"。

如果企业创始人不控股，则可以采用以下方法实现对企业的控制权：

一是投票权委托制度；

二是一致行动人制度；

三是持股平台制度；

四是 AB 股计划制度。

双重股权结构，也称为 AB 股制、二元股权结构，是一种通过分离现金流和控制权而对公司实行有效控制的手段，区别于同股同权的制度。在双重股权结构中，股份通常被划分为高、低两种投票权。高投票权的股票拥有更多的决策权，但不会赋予投资者太大的话语权。谷歌在上市时采用的就是 AB 股模式，佩奇、布林、施密特等公司创始人和高管持有 B 类股票，其每股的表决权等于 A 类股票 10 股的表决权。2012 年，谷歌又增加了不含投票权的 C 类股用于增发新股。这样，即使总股本继续扩大，即使创始人减持了股票，他们也不会丧失对公司的控制力。Facebook 上市时同样使用了投票权 1∶10 的 AB 股模式，这样扎克伯格一人就拥有 28.2% 的表决权。此外，扎克伯格还和主要股东签订了表决权代理协议，在特定情况下，扎克伯格可代表这些股东行使表决权，这意味着他掌握了 56.9% 的表决权。国内企业比较典型的有京东、陌陌和聚美优品。京东的刘强东及管理层持有的股份每股代表 20 份投票权，陌陌的唐岩及聚美优品的陈欧持有的股份每股代表 10 份投票权，其他股东持有的股份每股只能代表 1 份投票权。

阿里巴巴的有限合伙人制度也是中小企业经营者值得借鉴的案例。通过董事提名权和投票权等的约定，使得上市前持股比例仅分别为 8.9% 和 3.6% 的马云和蔡崇信可以将公司紧紧抓牢在自己手中。

3.选择适合的保护控制权的法律条款

在进行股权架构设计时，创始人应充分考虑控制权保护条款，最好设置股权池，并采用股权成熟机制。创业团队的实力不同，预留的股权池大小也会不同，用奇虎公司董事长周鸿祎的话来说：不管你团队强弱，都不要把股票分完，再强的团队，也要留个 15%～20% 的池子，团队弱一些的，你要懂得大方地留下 40% 甚至 50% 的池子才行。这样的好处在于一开始时大家利益均沾也无所谓，不过当日后有更强的人进入团队，或是你们（创业团队的成员）的贡献与股权不一致，总可以从"大锅饭"里给牛人添点。毕竟再从别人口袋掏钱这事儿太悬。①

股权成熟机制也叫股权绑定，在做股权分割的时候最好约定任何人都必

① 余涛，张佳. 天使教你这些事儿"范进"也许变"上进"[EB/OL]. (2010-01-25). http://tech.163.com/10/0125/07/5TS03JP3000915BF.html.

须在公司做够起码1年才可持有股份（包括创始人）。好的股份绑定计划一般是头一年给25%，然后接下来每个月落实2%。

例如：A、B、C三人合伙做项目，A是CEO，B是CTO，C是COO，股权比例为50%∶30%∶20%，约定所持有的股权，分四年成熟，每年成熟25%。如在四年内，任一合伙人退出，则未成熟股权由其他合伙人回购（也可以约定公司回购，但建议尽量约定合伙人回购，因为公司回购涉及减资，程序相对麻烦）。假定项目启动后刚好满1年，作为COO的C不干了。那么，C成熟的股权为：20%×1/4=5%，余下的15%股权属于未成熟的股权，即C离职后，仍可以持有5%的股权，未成熟股权由A、B合伙人按股权比例回购。如此，一方面可以承认C对于公司的贡献，另一方面可以用回购的C的尚未成熟部分的股权来吸引新替代的COO合伙人。实践中也有约定按项目进展进度，比如产品测试、正式推出、迭代、推广、总用户数和日活用户数等的阶段分期成熟，也有的按融资阶段分期成熟，也有的按项目运营业绩递增情况分期成熟。

4.谨慎选择初创股权分配的参与者

不是所有参与创业的人都可以分配企业股权的，而是要进行谨慎选择。对于那些不能保证持续保有的资源提供者、兼职者、专家顾问，以及不认同合伙事业发展理念、不能长期坚持、不能同舟共济的人不要让其分享企业股权。建议以顾问的形式，交换和取得初始资源提供者提供的资源；更不要用小比例股折抵工资来减少工资支出的方式留住早期员工，因为早期的股权是非常珍贵的，不能轻易给；而且初创公司的股权，在员工眼里，也是不值钱的，起不到激励作用。

5.妥善处理投资者和创业者的关系

投资者的投资目的是获取高额财务利益，创业者创业的目的是实现心中那份不变的理想，理念不同，对于资本和股权的看法也会有所不同。创业投资的逻辑是投资人投大钱、占小股，用真金白银买股权；创业合伙人投小钱、占大股，通过长期全职服务于公司赚取股权。简言之，投资人只出钱，不出力；创始人既出钱（少量钱），又出力。因此，天使投资人购买股票的价格应当比合伙人高，不应当按照合伙人标准低价获取股权。如果在日后融资过程中，外部投资者持股比例过高，可以借鉴阿里巴巴的模式采用有限合伙制的方法，保证中小企业经营者对企业生产经营的决策权。

拓展阅读2-4
外部融资对股权架构的影响

任务实施

结合慕课的讲解和书本上的知识，实施以下任务：

一、填写表2-6，加深对股权筹资和债权筹资的了解。

表2-6 股权筹资与债权筹资的比较

比较项目	股权筹资	债权筹资
本金	永久性资本，保证企业最低的资金需要	到期归还本金
资金成本		
风险承担		
企业控制权	按比例或约定享有，分散企业控制权	无，企业控制权得到维护
资金使用限制		

二、请思考进行股权和债权筹资决策时，除各自的优缺点外还应考虑的因素有什么。

三、熟悉企业的估价方法。

（一）相对估值法。

（二）绝对估值法。

四、请写出在设计股权结构时应考虑的主要方面。

五、分析被调查企业的价值评估方法和股权结构。

1.被调查企业的价值评估方法及你的观点。

2.被调查企业的股权结构及对你的启示（或你的建议）。

考核评价

对于中小企业资金的筹集及股权设计的学习考核评价见表2-7。

表2-7   中小企业资金的筹集及股权设计的学习考核评价表

考核内容		分值（分）	得分
调查活动 30分	1.调查对象的选择	6	
	2.调查计划的安排	3	
	3.调查内容的记录和整理	9	
	4.PPT制作情况	5	
	5.PPT汇报情况	7	
实训过程 30分	1.出勤与纪律	7	
	2.实训态度	9	
	3.自我学习与管理能力	7	
	4.团队合作与创新能力	7	
知识掌握 40分	1.资金需求种类、方法和工具	10	
	2.资金筹集渠道和方式选择	10	
	3.企业估值和股权设计知识	20	
合　计		100	

●完成情况：也可用"优、良、一般、差"来评价。

思考与练习

温馨提示 2-1

1.企业资金的基本分类有哪些？如何合理估计企业所需的资金数量？

2.你了解哪些中小企业资金的筹集渠道？

3.中小企业应如何选择筹集资金的渠道？

项目三　采购过程的财税管理

项目目标

采购活动是所有中小企业不可或缺的经济业务。不过有的企业采购业务较少，比如服务类企业主要采购提供服务过程中使用的产品；更多行业的企业采购业务会较多，既涉及日常管理过程中所需物品的采购，也涉及销售或生产所需商品、材料物资的采购。这就需要管理者能够分清不同采购业务涉及成本的计算、扣除或结转，以及相应的税务处理问题，以便进行科学管理，做出正确决策。

在本项目学习中，应该：

第一，能够计算材料物资的采购成本；

第二，根据行业制定企业的采购政策；

第三，正确处理采购过程中的涉税问题。

项目任务

大家在微信朋友圈经常看到一些关于帮助农民销售滞销产品的消息，水稻、小米、核桃、红枣、桃子、橙子等，因为很多是学生创业，而且基本上都说是天然的绿色产品，每每看到后都会给予一定的支持。但是经常听这些创业的同学说，出于公益心帮忙做的创业项目却并不赚钱，还有很多销售越多赔得越多的情况出现，关键是这些赔钱的同学经常不知道为什么会赔钱——明明售价高于收购成本，可是卖出后却反而赔了很多；对于储存商品的货架等固定资产不知道如何取得更加合理，如果购进会花一大笔钱，可如果不买又不知道可以从何种途径取得。究其原因，是很多同学对固定资产购置决策的相应知识缺乏了解，或者在计算产品成本的过程中出了差错，没能准确计算成本，从而制定了错误的销售价格。所以，本部分要在学习相关知识的基础上，结合对企业实际情况的调查了解，弄明白以下问题：

第一，了解不同行业产品/商品、固定资产采购成本的构成；

第二，知晓采购成本的计算方法；

第三，能够制定企业的采购政策；

第四，可以进行固定资产采购或租赁的决策分析。

|导引案例|

两份沉甸甸的承诺

2012 年，OPPO 陷入绝境濒临倒闭，起因在于 OPPO 对智能手机发展速度的错误研判导致公司在从功能手机转向智能手机的道路上慢了半拍。很快陈明永等人及时扭转了航向，全力进击智能机，然而船大难掉头。

首先，OPPO 与供应商还有很多生产功能机的订单，而这些材料无法用在智能机的生产上。对此，OPPO 承诺如果供应商无法消化物料，公司将照单全收，这意味着 OPPO 将买回大批电子垃圾。

其次，对于经销商的功能机库存，OPPO 让经销商大幅降价促销，承诺由此产生的差价由 OPPO 补偿，以帮助经销商降低损失。

两份沉甸甸的承诺，让 OPPO 付出了数亿元的代价，换来的却是供应商与经销商的无限信任与尊敬。日后，在竞争激烈的手机品牌厮杀中，这份信任与尊敬成为 OPPO 问鼎天下的基石。

资料来源：王桂娟. 段永平传［M］. 北京：团结出版社，2020.

案例解析：

没有永远的朋友，只有永远的利益。企业和上下游合作伙伴作为产业链、价值链上的利益共同体，在进行决策时要考虑到彼此的利益和生存。因为，交易都是在双方之间进行的，只有共赢的合作关系才能够长久。中小企业在进行采购管理时，一方面应运用科学方法准确估算经济采购量，做好采购成本管理；另一方面在履行合同过程中要维护好企业的信誉，做好应付账款管理，切不可为了一时利益破坏了和一众合作伙伴的良好关系，最终搬起石头砸了自己的脚。

|案例笔记|

■ 在信用期内支付账款，是对供应商的尊重，也是对企业信用的最佳维护。

■ 树立债权人权益优先于所有者权益的理念。债权可以放弃，但债务必须偿还。

■ 供应商提供的现金折扣隐含着信用期内的资金成本，站到年资金成本的角度看往往是很高的。合理运用现金折扣是采购过程中降低成本的方法之一。

■ 确定科学的材料采购数量，保持合理库存，是中小企业采购管理的核心工作。

■ 树立科学消费观，日常生活中要理性花费而不是冲动购买，减少冗余商品的采购支出，可以节约空间占用，减少资金浪费。

任务一　采购成本应该如何计算？

任务分析

　　中小企业在采购过程中，除了支付相应的产品/商品或固定资产的买价之外，还需要支付相应的税金、运输费、途中保险费等，对于进口的商品还会涉及关税的支付。采购过程中发生的各种费用应该如何处理，产品/商品、固定资产的采购成本又该如何计算，是企业经营者需要认真考虑的问题，因为采购成本的确定不仅涉及销售价格的制定，还会涉及折旧的计提，会对日后的利润计算产生影响。因此，通过这部分的学习，需要完成以下任务：

　　第一，材料采购过程中发生的各项支出的分类及采购成本的计算；

　　第二，固定资产采购成本的确定；

　　第三，采购过程中支付的税金的处理方法。

相关知识

一、材料物资采购成本

　　材料物资的采购，对于制造企业来说主要指企业从上游供应商处经过订货、运输、装卸到验收入库及支付价款的全过程，其实质是通过材料物资的采购，将企业的货币资金转换为存货资金。在材料物资的购买过程中，材料物资价值的确认是关键环节，直接决定了材料物资成本计算的正确性，间接影响产品/商品的定价和利润的计算。正常情况下企业外购材料物资的成本包括材料物资的价款和价外费用。其中，价外费用指采购时支付的运费、装卸费、途中保险费等运杂费，入库前的挑选整理费、途中的合理损耗、进口材料的佣金及关税，进口时发生的外汇价差等，但不包括支付的进项税额。若企业同时采购两种及以上的材料物资，需将价外费用按合理的方法在各种材料物资之间分配。分配的标准有重量、体积、材料价款等。

　　批发零售企业采购物资的采购成本包括进货成本和相关税费。进货成本是指商品的采购价款；相关税费，是指购买商品发生的进口关税、资源税和不能抵扣的增值税等；采购过程中发生的运杂费、装卸费、保险费、仓储费、整理费、合理损耗以及其他可归属于商品采购成本的费用计入采购费用；对于发生的采购费用，企业可以结合经营管理特点，按照合理的方法分配计入不同材料物资的采购成本之中，采购费用金额较小的，也可以在发生时直接计入当期销售费用。

其他行业材料物资采购成本的计算类似，此处不再赘述。

例 3.1

A公司是一般纳税人，收到一般纳税人B公司发来的甲材料500千克，增值税专用发票上列明的价款是400 000元，增值税进项税额为52 000元；同时B公司代垫运费2 000元，增值税专用发票上列明的进项税额为180元。款项均已支付。

要求：计算甲材料的采购成本。

分析：甲材料的采购成本包括其买价和运费，增值税进项税额不构成其采购成本。

甲材料采购成本=400 000+2 000=402 000（元）

二、固定资产和无形资产的采购成本

尽管材料物资的采购经常发生，是企业经营者必须要熟悉的事项，但是固定资产和无形资产的采购也是绝大多数企业都不可避免的事项，同样需要了解固定资产和无形资产采购成本的计算。因为，固定资产和无形资产采购成本的确认不仅会影响当期的利润，还会对以后相当长时间的利润产生影响。

1.固定资产的购建

固定资产是企业为生产产品、提供劳务、销售服务、出租或经营管理而持有的，使用寿命超过一年的有形资产。其主要包括：房屋、建筑物、机器、机械、运输工具、设备、器具、工具等。

固定资产的购建包括固定资产的购买和建造。购买固定资产，是指企业以货币资金直接从供应商处购入不需要安装的机器设备；固定资产建造，是指企业通过自建或出包的方式建造生产经营用的设备、厂房等固定资产，或者从供应商处购入的需要安装才可投入使用的机器设备等。不论是购买还是建造固定资产，均是现金资产转化为非现金资产的过程。企业固定资产的取得，尽管还有融资租入和投资者投入等不同方式，但购建是最主要的方式。

按照《企业会计准则第4号——固定资产》的规定，固定资产应当按照成本进行初始计量。外购固定资产的成本，包括购买价款、相关税费、使固定资产达到预定可使用状态前所发生的可归属于该项资产的运输费、装卸费、安装费和专业人员服务费等。若以一笔款项购入多项没有单独标价的固定资产，应当按照各项固定资产的公允价值占总价值的比例对总成本进行分配，分别确定各项固定资产的成本。购买固定资产的价款超过正常信用条件延期支付，实质上具有融资性质的，固定资产的成本以购买价款的现值为基础确定。自行建造的固定资产，由建造该项资产达到预定可使用状态前所发生的必要支出构成。

2.无形资产的采购

无形资产是企业为生产产品、提供劳务、出租或经营管理而持有的，没有实物形态的可辨认非货币性资产。其主要包括：土地使用权、专利权、商标权、著作权、非专利技术等。

外购无形资产的成本，包括购买价款、相关税费和相关的其他支出（含相关的借款费用）。其中：相关税费指购买无形资产过程中发生的直接相关税费，如专利权的注册费等。其他支出指使用无形资产过程中发生的专业测试费等。相关的借款费用指企业在购买无形资产过程中使用了借款，因该借款发生的利息、手续费等相关支出。

例3.2

12月15日，从小规模纳税人处购入设备一台，取得的增值税普通发票上注明的买价和税金共计80 000元；支付运杂费2 000元（未取得增值税专用发票），不需安装即可使用，设备已运达企业，款项通过银行转账支付。

要求：计算该项设备的采购成本。

分析：由于未取得增值税专用发票，相应的进项税额需要计入固定资产的采购成本；另外，相应的运杂费也应该计入固定资产的价值。所以，该项固定资产的采购成本为82 000元（80 000+2 000）。

例3.3

企业（一般纳税人）20×2年3月购入一项专利权，支付的价款为100 000元，另以银行存款支付增值税6 000元（经论证可以抵扣）。

要求：计算该项专利权的采购成本。

分析：因为企业是一般纳税人，在采购过程中支付的进项税额可以抵扣，所以，专利权的采购成本应该只包括其价款，为100 000元。

三、采购过程中税费事项的处理

采购过程中支付的税费主要包括增值税、消费税、资源税、进口关税以及相应的教育费附加等。

对于增值税，如果企业是一般纳税人[①]且取得了增值税专用发票，在经

---

① 一般纳税人和小规模纳税人的界定见项目九的讲解。

税务部门认证后①，支付的增值税不计入成本，而是作为"进项税额"抵扣；如果企业是小规模纳税人，即便取得了增值税专用发票，其相应的增值税也需要计入采购成本。但一般纳税人如果从小规模纳税人企业采购物资未能取得增值税专用发票的，其进项税额也要计入采购成本之中。

对于消费税、资源税、进口关税以及相应的教育费附加，则应该计入采购成本。

进口应税消费品时，需要在报关进口时缴纳消费税，消费税计入进口产品的采购成本。

需要说明的是，批发业、零售业小企业在购买商品过程中发生的费用，包括运输费、装卸费、包装费、保险费、运输途中的合理损耗和入库前的挑选整理费不计入采购成本，而是直接作为费用从当期的收入中扣除；另外，市内零星的运杂费、采购人员的差旅费和采购机构的经费，以及小企业供应部门和仓库的经费等，也不包括在采购成本中。

例3.4

学生小张为了帮助家乡父老销售滞销的大枣，成立了一个学生创业团队，开办了一家微店，并成功入驻学校创业园，是小规模纳税人。做好准备后开始了收购和销售大枣的活动。其发生的成本如下：②

1.收购一级大枣，单颗质量控制在11克左右，一斤55颗左右，收购价1.5元/斤；包装采用五层的大纸箱子，3元/个；

2.人工分拣+胶带封箱子，费用平均0.1元/斤；

3.从山村里拉到镇上转车，需要三轮车倒运，由此发生的运输成本为0.1元/斤；

4.为扩大销售，采用8斤起卖、免费快递的方式，8斤红枣加2斤箱子的快递费为10元；

5.物料损耗、装箱子封口、填写面单、售后赔偿总计0.5元/斤；

6.产枣地区需要4名人员驻扎采购、严把质量关，人员工资平均下来0.3元/斤；

7.仓库租金2 000元/月，仓库2名专职人员收发货，工资平均支出0.2元/斤；

8.创业团队成员的工资为9 000元/月。

要求：计算每斤大枣的采购成本。

分析：小张创办的企业是小规模纳税人，其在购买商品过程中发生的

---

① 纳税人在取得增值税专用发票以后，需要到税务大厅或在线上进行增值税专用发票的认证，以确认增值税专用发票的真假。只有通过认证的增值税专用发票才能抵扣进项税额。
② 资料参考"追梦自然微店"提供的信息。

费用，包括运输费、装卸费、包装费、保险费、运输途中的合理损耗和入库前的挑选整理费等不计入采购成本。因此，大枣的采购成本应该只包括其买价。

采购成本=1.5元/斤

入库前发生的全部支出（运费、专职采购员的工资、人工分拣和胶带封箱子的费用、纸箱成本、快递费用、物料损耗、仓库租金、仓库管理人员工资、创业团队的工资等）则直接计入当期的经营费用。

例3.5

若小张创办的企业是一般纳税人，其他资料同例3.4。

要求：计算每斤大枣的采购成本。

分析：尽管从农民处采购大枣无法取得农民开具的增值税专用发票，但作为一般纳税人，可以根据税法的规定，计算可以抵扣的增值税进项税额，其他内容同例3.4。

采购成本=1.5×（1-9%）=1.365（元/斤）

任务实施

本部分主要是知识的学习，应该先自行了解增值税的相关知识（见项目九的有关内容），然后结合本章介绍，系统学习确定采购过程中材料物资和固定资产成本的事项。同时可以结合2~3家被调查企业的实际经济业务，分析其采购成本计算的正确性。调查的企业最好既有增值税一般纳税人，又有增值税小规模纳税人，以便可以全面了解采购成本中增值税的处理。在此基础上，完成下面的任务：

一、材料物资和固定资产采购过程中发生的各项支出哪些应计入采购成本？

（一）一般纳税人材料物资和固定资产采购成本的构成内容。

（二）小规模纳税人材料物资和固定资产采购成本的构成内容。

二、采购过程中支付的税金应该如何处理?

（一）一般纳税人的处理。

（二）小规模纳税人的处理。

任务二　如何制定企业的采购政策?

任务分析

小侯大学毕业后创办了一家商贸公司，主要经销各种家居用品，由于其对时尚独特的理解，其采购的商品销售得都还不错。每次小侯都是从广州、上海进货，基本上也都是相同的几个商家。由于初期现金流入尚可、进货量也不算太大，小侯每次都是直接用现金或刷卡支付。但是，在有一次进货过程中，小侯一下子看上了很多款新式的家居用品，而且马上就到国庆长假了，小侯就想多进一些备货；而且，进货的时候发现一款新式的货架很实用，也想将其收入囊中。不过刷爆了所有信用卡、支付了全部的现金还是不够，于是只好悻悻而回。如果你是小侯，你会怎么做?

在任务二的学习过程中，需要：

首先，了解采购过程中货款的支付方式，明晰商业信用的概念；

其次，熟悉固定资产的采购方法，知晓融资租赁决策的相应规定。

相关知识

一、商业信用

商业信用是指工商企业之间相互提供的、与商品交易相联系的信用形式，它基于工商企业之间的互相信任而产生。其包括企业之间以赊销、分期付款等形式提供的信用，以及在商品交易的基础上以预付现金或者延期付款等形式提供的信用。

（一）现购还是赊购

现购是一手交钱一手交货的购买方式。例如上面提到的小侯一直采用的就是现购方式。赊购是指企业凭借自身信用，采用分期付款或延期付款购买商品的方式。

企业在采购原材料、商品的过程中，可以通过赊购的方式延期付款，在一定期间内免费使用供应商提供的部分资金。

一般来说，财务状况良好的卖方，现金充裕，因此比较容易提供商业信用且信用期限相对较长。

中小企业在生产经营过程中应遵循诚实守信的原则，尽早建立企业信誉，以便在资金紧张时可以通过商业信用的方式及时取得所需的材料物资，保证生产经营的正常进行。

（二）享受还是放弃现金折扣

如果企业在经营过程中已经形成了一定的信誉，可以从供应商处赊购产品，这时候还需要考虑如何在不同供应商之间进行选择的问题，尤其是供应商提供现金折扣的时候。

现金折扣是销售方为敦促顾客尽早付清货款而提供的一种价格优惠。现金折扣的表示方式为"2/10，1/20，N/30"，即10天内付款，货款折扣2%；20天内付款，货款折扣1%；信用期是30天，到期需全额付款。

例如，甲公司从乙公司赊购了价值 30 000 元的商品，付款条件为"2/10，N/60"，如果甲公司在10日内付款，只需支付 29 400 元；如果在60天内付款，则需付全额 30 000 元。

一般来说，甲公司若享受这一现金折扣，就意味着为了取得 600 元（30 000×2%=600）的现金折扣而准备放弃 29 400 元在50天内的使用权，相当于承担年息为 14.69%（0.02÷0.98×360÷50）的利息成本。此时，如果甲公司有闲置资金或能募得年息低于 14.69% 的资金，则应该享受此现金折扣；如果甲公司出现资金短缺现象，在剩余50天内无法按照低于 14.69% 的成本筹集到 29 400 元，或者用其投资于其他机会的收益高于 14.69%，则应该放弃此现金折扣。

放弃现金折扣的成本计算如下：

$$资金成本 = \frac{现金折扣百分比}{1 - 现金折扣百分比} \times \frac{360}{失去现金折扣后延期付款的天数}$$

拓展阅读3-2
承租人租赁决策的分析

二、购买或租赁决策

企业生产经营所需的固定资产可以采用购置或租入的方式解决，不同方式下的资金支出和相应的成本费用不同，给企业带来的经济利益也会不同。购入固定资产会在购买时消耗企业的大量资金，形成一种资本性支出，并在日后通过折旧的方式计入成本费用，固定资产退出使用时企业拥有其所有权。租入的固定资产，租金一般分期支付，不需要一次性支付大量资金就可获得固定资产的使用权；中小企业需要根据资金拥有状况及资产自身的特性做出决策。

（一）经营租赁和融资租赁

经营租赁，又称为业务租赁，是为了满足经营使用上的临时或季节性需要而发生的资产租赁，是一种短期租赁形式，出租人不仅要向承租人提供设备的使用权，还要向承租人提供设备的保养、保险、维修和其他专门性技术服务。承租人租赁资产只是为了满足经营上短期的、临时的或季节性的需要，并没有添置资产的企图。经营租赁的固定资产，应付租赁费不用显示在企业资产负债表的负债栏内，可以增强企业的负债能力，而且企业还可以避免固定资产技术过时的风险。当出租方和承租方之间的所得税税率差异较大时，如果出租方的税率高，由于其在折旧上可以多避税，还可以给承租方一个较优惠的租金。但是，租赁的固定资产使用权不属于承租方，承租方没有处置权，也无法享有资产升值带来的好处。

融资租赁是集融资与融物、贸易与技术更新于一体的新型金融业务，在办理筹资时对企业资信和担保的要求不高，所以非常适合中小企业筹资。据统计，西方发达国家25%的固定资产几乎都来自融资租赁。[①]企业在资金紧张时，通过融资租赁的方式取得急需设备的使用权，解决部分资金需求，获得相当于租赁资产全部价值的债务信用，一方面可以使企业按期开工，顺利开始生产经营活动；另一方面又可以缓解资金紧张的局面，节约资金支出，将用于购买设备的资金用于主营业务的经营，提高企业现金流量的创造能力。同时融资租赁分期付款的性质可以使企业保持较高的偿付能力，维持财务信誉。

（二）融资租赁决策

由于固定资产的价值一般较高，中小企业要根据企业资金的充裕状况，以及企业提供产品或服务的特性来决定固定资产是购置还是租赁。企业提供的产品或服务越特殊，采用购置的方式可能越便利；固定资产的价值越低，企业采用购置方式的可能性就越大。

融资租赁决策的影响因素有很多，对这些因素加以分析归纳，大体有以下几种：租赁费用、现金流转时间和现金流量分布、机会成本等。

---

①　金玮. 我国中小企业融资路径探讨［J］. 当代经济，2012，11（上）：125.

1.租赁费用

租赁费用指企业为租赁设备而发生的所有现金流出量，包括租金、设备安装调试费、利息、手续费、维修费、保险费、担保费、名义购买费等。

2.现金流转时间和现金流量分布

这两个问题同时决定着现金流量现值的大小。在租赁决策中，现金流转的期限取决于租赁期的长短、期满资产的处理方式和租赁资产本身的经济寿命三个因素；由于货币时间价值的存在，如果现金流量的分布不同，各种方案的现金流出量的现值可能不同，从而决策的结果也可能不同。

3.机会成本

在进行租赁决策时有两个方面的机会成本要考虑：第一，不同投资方案机会成本的比较；第二，同一投资方案下不同筹资方式机会成本的比较。

三、全新或二手决策

对于中小企业来说，由于资金一般比较紧张，在采购金额较大的固定资产时，除了可以采用融资租赁的方式以外，如果的确想购入固定资产，也可以在购买全新还是二手的固定资产之间进行选择。

购置二手固定资产，一般金额较低，如果性能可以满足需要，则可以节约不少资金，缓解资金紧张的局面。尤其是办公家具类的固定资产，由于没有技术要求，用二手的也可以满足管理需要。

任务实施

中小企业由于规模较小，市场竞争中往往处于不利局面，市场份额不够稳定，销售收入带来的现金流可能不足以支撑项目的持续运作，因此，在采购的过程中，一定要精打细算，制定合理的采购政策，尽可能减少或推迟现金的支付，为企业节约现金支出。学习完本部分后，请结合被调查的2~3家企业的情况，完成以下任务：

一、中小企业采购过程中除了现金支付外还可以采用什么措施？

（一）可以采用商业信用的方法。

商业信用的概念：

（二）商业信用的决策方法。

二、对于货架等固定资产，除了采取购买的方式，还可以采用哪些方式取得？

（一）还可以采用融资租赁的方式。

融资租赁是指

（二）购买和融资租赁的决策方法。

（三）还可以购置二手资产。

其理由为：

三、被调查企业有采用商业信用或融资租赁策略的吗？为什么？

考核评价

这部分内容既需要掌握基础知识，又需要切实处理相应业务，做出采购决策，对于学习者的动手能力要求较高，可以参考表3-1进行考核。

表3-1　　　　　　　采购过程中的财税事项学习考核评价表

考核内容	分值（分）	得分
商业信用和融资租赁的概念	25	
采购成本的计算	15	
采购政策的制定	25	
采购过程中税费的处理	10	
调查资料搜集与整理	25	
合　计	100	

思考与练习

1.如何区分小规模纳税人和一般纳税人？不同纳税人采购的材料物资和固定资产成本应该包括哪些内容？

2.如果可以采用商业信用的方式采购材料物资，应该如何在不同供应商之间进行选择？

3.应该如何进行固定资产购入/租赁决策？

项目四　生产过程的财税管理

项目目标

对于制造企业和现代农业来说，生产并销售产品是其主要的经济业务。生产成本的高低既关乎产品定价和市场竞争力，又直接关系着企业的盈利水平和可持续发展能力。所以，准确计算产品成本是每一个企业都必须予以重视的工作之一。

通过本部分学习，应该：

第一，将企业的支出区分为成本和费用；

第二，能够计算产品成本；

第三，可以进行成本费用的预测。

项目任务

小李同学在学校学的是环境工程专业，毕业后想利用自己在校期间申请的专利开始创业，生产环保产品。由于初期资金比较紧张，小李决定暂不雇用财会人员，而是自己进行核算。但是，由于企业的各项支出名目繁多，小李实在分不清哪些支出可以直接在发生的当期扣除，哪些又应该在较长的时间内摊销；更不知道自己生产的产品成本该由哪些支出构成，而不构成成本的支出属于什么费用项目；还有，如果产品的未来市场需求发生变化，如何根据对市场需求的预测来规划未来的生产数量，进行成本和费用的预测。因此，需要你在学习本部分内容的基础上，帮助小李完成以下工作任务：

第一，区分企业发生的不同支出的性质，将其分别归入成本和费用两大类；

第二，计算企业生产的不同产品的成本；

第三，能够根据对市场需求的预测进行成本费用的预测。

|导引案例|

细节与电话机发明

99.9%的合格率够不够好？顾客会不会满意？请看以下一组数据：每小时会有18 332份邮件发生投递错误、250万本书被装错封面；每天会有2架飞机降落到芝加哥奥哈拉机场而得不到安全保障、12个新生儿被错交到其他婴儿的父母手中、3 056份《华尔街日报》内容残缺不全；每年会有291例安装心脏起搏器手术出现失误、2万个误开的处方、103 260份所得税报表处理有误、114 500双不成对的鞋被装船运走、88万张流通中的信用卡在磁条上保存的磁卡人信息不正确。你会怎么看待这些数据？会如何评价细节的重要性？

电话机是贝尔发明的，但在贝尔之前，有很多人都对电话机进行了研制，莱斯就是其中一位。莱斯进行了大量的实验以后，研制出一种传声装置，这种装置是用间接的直流电作为传播媒介，它能传送音乐，人却不能通过它进行相互交谈。

贝尔对电话机的研制是在莱斯研究的基础上进行的，贝尔使用连续的直流电，而且还将莱斯装置里的一颗螺丝钉往里拧了1/2圈，即5丝米。这样，传送时间短促、讲话声音多变的问题就得以解决了，不能相互通话的莱斯装置变成了实用的电话机。

成败只差5丝米，也就是说成败只差半毫米。贝尔的改进使莱斯目瞪口呆，莱斯感慨万千地说："我在离成功5丝米的地方灰心了，我将终生记住这个教训。"可见，成功离我们并不遥远，只是由于我们的疏忽才与它失之交臂，细心一点，坚持一下，也许成功就会光顾你。

资料来源：翟文明. 世界上最神奇的60个经典定律［M］. 北京：华文出版社，2011.

案例解析：

"天下难事，必做于易；天下大事，必做于细。"可谓"成也细节，败也细节"。作为中小企业的管理者，在生产经营管理中一定要细心做好每一件事，在每一细节上务求100%的完美。否则，重要关头往往只是小小的一步，就决定了得失成败，一个小小的错误就可能会由于蝴蝶效应导致无法挽回的严重失败。

|案例笔记|

■提高幸福生活的能力。合理界定投资和费用，便于更好地决策。如购买图书、参加培训的支出属于对人生的投资而不是费用，这样就会更好地发展自己、提高工作能力，使生活更加幸福。

■培养逻辑思维能力。理解费用和收入的因果关系，掌握收入和费用的配比原则。

　　■培养正确的世界观、人生观和价值观。坚信有付出才有回报，坚决抵制不劳而获的思想。

　　■培养多视角认识同一问题的能力。同一项支出可以按照不同标准进行分类，同一项支出在不同企业也可归入不同种类。

　　■一切伟大的胜利都是计划的胜利，也是执行的胜利。从诺曼底登陆到阿波罗登月，莫不如此。做好成本预测有利于日后科学管理成本费用。

　　■节约成本即创造价值。树立节约成本光荣，浪费资源、偷工减料可耻的思想。

任务一　如何区别成本和费用？

任务分析

　　企业在筹建和生产经营过程中会发生各种不同的支出，这些支出有的构成资本性支出，需要在长于1年的受益期内分期确认为成本费用；有的和产品或服务的生产/提供数量关系密切，要计入产品或服务的成本；有的则和发生的期间关系更为直接，要在发生当期确认为一项费用。在学习过程中，既要了解基本的成本费用知识，又能够根据被调查企业的实际情况对其各种支出进行分析判断，将理论和实践相结合。请你在学习之后，帮助小李同学完成以下任务：

　　第一，结合成本和费用的概念，将企业发生的支出归入成本或费用项目；

　　第二，熟悉成本的基本分类，从而对成本进行恰当管理；

　　第三，了解费用的基本分类，将发生的期间费用计入相应项目。

相关知识

拓展阅读 4-1
其他成本概念

一、成本和费用的概念

　　企业发生的各种支出按照受益期的长短，可以分为资本性支出和收益性支出。如果一项支出所带来的经济收益只与本会计期间有关，那么该项支出就是收益性支出，如果支出的经济收益不仅与本会计期间有关，而且与几个会计期间有关，那么该项支出就是资本性支出，对于资本性的支出，应当在发生时列为资产，然后按受益期间分期转作费用，如房屋建筑物、机器设备、长期待摊费用等。

从理论上讲，成本是企业在生产经营过程中所耗费的、用货币表现的生产资料的价值和相当于职工薪酬部分的劳动者为自己所创造的价值。费用是经营管理环节发生的除成本之外的其他支出。但在实际工作中，成本的具体内容则同企业生产经营管理水平和需要相联系，随经济管理具体要求的变化而变化。为具体了解成本核算的内容，下面结合制造业企业的情况加以说明：

（一）生产费用

生产费用也称生产成本，是生产过程中为进行产品生产所发生的支出，主要包括材料的耗费、活劳动的耗费、固定资产的价值磨损以及生产车间的水电费、办公费等其他耗费，是企业在一定时期内为生产产品而发生的物化劳动和活劳动的货币表现。

生产费用按其计入产品成本的方式不同，分为直接费用和间接费用。生产费用发生时，有的当时就能确认其受益对象，如构成产品实体的各种材料、直接参与产品生产的工人薪酬等，会计上称为直接费用；有的生产费用发生时与几种产品生产有关，如车间管理人员的薪酬、机器设备价值的磨损以及车间发生的水电费、电话费、办公费等，则需按照一定程序进行归集、汇总，然后再按一定标准分配，方能确认受益产品的具体金额，叫作间接费用。

为了正确计算产品成本，需要将构成产品制造成本的各种耗费按其用途划分为三个成本项目：直接材料、直接人工和制造费用。

直接材料是企业生产过程中，直接用于产品生产，构成产品实体的原材料、辅助材料、外购半成品及有助于产品形成的其他材料等。

直接人工是指企业在制造产品的过程中，为获得直接参加产品生产人员提供的服务而给予的各种形式的报酬以及其他相关支出。直接材料和直接人工统称为直接费用。

制造费用属于间接费用，指企业为生产产品和提供劳务而发生的各项间接费用，包括车间管理人员的薪酬，机器设备和厂房的价值磨损以及修理费，车间的水电费、物料消耗、办公费、劳动保护费及其他制造费用。企业应当根据制造费用的性质，选择合理的制造费用分配方法，将其分配计入产品生产成本。制造费用的分配标准可以是生产工人职工薪酬的比例、工时比例、耗用原材料的数量或成本等。

（二）期间费用

企业只有将生产的产品销售出去才能够真正为客户服务，并通过产品价值的增值实现利润。产品在销售过程中所发生的广告费、展览费、运输费、包装费、装卸费等，以及专设销售机构发生的职工薪酬、固定资产折旧和其他业务经费，还有按照销售额一定比例提取的销售佣金等耗费称为销售费用，销售费用是企业在生产经营过程中发生的一项重要费用，其支出及归集过程也是成本核算的内容。

为组织和管理企业的生产经营活动，保证产品生产和销售的顺利进行，企业行政部门也会发生各种各样的耗费，如行政管理人员的职工薪酬、办公费、差旅费、业务招待费、咨询费、董事会费、技术转让费、排污费等，这些费用统称为管理费用。管理费用是企业在经营过程中的一项重要耗费，是成本核算的内容之一。

同时，制造企业为筹集生产经营过程中所需的资金也会发生一定的手续费、利息支出等，这些支出是企业的财务费用，其支出及归集过程也构成产品成本核算的内容。

上述销售费用、管理费用和财务费用等费用与产品生产没有直接联系，而与生产经营期间直接相关，按发生的期间进行归集，并从当期收益中扣除，构成企业的期间费用。可见，制造企业成本核算的内容包括产品成本的核算和期间费用的核算。

二、成本和费用的分类

企业发生的各项支出除了按以上标准进行分配之外，出于管理的需要，还可以进行如下分类：

（一）变动成本与固定成本

成本按可变性分为变动成本与固定成本。成本的可变性也叫成本习性，指成本总额与成本动因的依存关系。成本动因是指任何能影响成本的因素，可以是产品产量或销售量，也可以是计划数量、产品零件数量、设计时间、检修产品数量、广告次数、设备调试次数等。

1.变动成本

变动成本指在相关范围内，成本总额随成本动因变动而呈正比例变动的成本。变动成本的特征一方面表现为成本总额随成本动因的正比例变动性，另一方面表现为单位变动成本的不变性。一般而言，生产产品过程中所消耗的直接材料和直接人工属于变动成本，其总额会随产量的增减呈正比例变动；但单位产品所消耗的直接材料和直接人工的成本一般比较稳定，不随产量的变动而变动。

2.固定成本

固定成本指在相关范围内，成本总额不随成本动因变动而发生变动的成本。固定成本与变动成本相反，其总额一般不随成本动因发生变动，但单位固定成本却随成本动因的变动呈反比例变动。按直线法计提的厂房和机器设备的折旧费、管理人员的薪酬、财产保险费、广告费、职工培训费、租金等支出，一般属于固定成本，其成本总额较为稳定，但单位成本额会随着成本

微课4-1
成本费用分类

动因的变动呈反比例变动。

(二) 可控成本与不可控成本

成本按可控性分为可控成本和不可控成本。可控成本是责任中心对其发生能够控制的成本；不可控成本是责任中心对其发生不能够进行控制的成本。责任中心是为履行某种责任而设立的特定部门。例如，采购部门负责原材料的采购，可以通过对供应商的选择和讨价还价来决定原材料的买价，原材料价格的高低是采购部门可控的；对于生产部门来说，其只能根据生产产品的数量及其结构决定耗用原材料的数量，而无法影响原材料的价格，因此，原材料耗用量对于生产部门是可控的，而原材料价格对于生产部门则是不可控的。正确区分可控成本与不可控成本，是有效划分各责任中心责、权、利的重要保证，是成本管理会计的重要概念。

(三) 机会成本和寿命周期成本

机会成本 (opportunity cost) 是选择一个方案时，放弃其他方案的潜在最大利益。对于任何一家企业来说，其所拥有的资源在任何时候都可以分别用于几个不同的方面，但却不能同时在几个方面发挥作用。它用于某一方面可能取得的利益，是以放弃用于其他方面可能取得的利益为代价的。所以，机会成本并非企业的实际支出，但在决策时却应作为一个现实因素加以考虑。例如，某公司将 200 000 元投资在存货上而未把这笔资金投在一个年收益率为 8% 的项目上，则被存货占用的这笔资金可能产生的 16 000 元的投资收益就构成了存货的机会成本。但是，如果某项资源只有一个用途，如煤气公司的输气管道、自来水公司的地下输水管等，因无其他产生收益的机会，所以其机会成本为零。

广义的寿命周期成本是指产品从研制、生产到报废前整个使用周期内的成本，即从用户提出需要某种产品开始研制起，到满足用户需求直至报废为止的整个寿命期间的成本。这些费用可以大致分为两大部分，即生产成本和使用成本。生产成本包括设计、制造、外协等费用，产品设计和研制阶段上的成本是否节约，在产品投产后将产生很大的影响，因此企业在进行产品设计、研制时要求技术先进、经济合理；产品出厂以后的费用计入使用成本，主要包括产品使用过程中的能源消耗、维修费用、废弃处置成本、环境保护成本等费用。

基于寿命周期的角度考虑成本管理，要求企业在确定产品的质量水平时，不仅要着眼于生产者 (即企业) 的经济效益，而且要考虑用户的使用周期的成本费用和效益，考虑用户能否买得起、用得起，并使其发挥效用，以及整个国民经济的利益，用最少的社会劳动消耗取得最好的社会经济效益。

(四) 功能成本和质量成本

功能成本是指为使产品或服务具有某项功能而必须支付的成本。功能成本管理是将产品的功能（产品所担负的职能或所起的作用）与成本（为获得产品一定的功能所必须支出的费用）对比，寻找优化产品成本途径的管理活动。国外有关资料表明，企业降低的成本数额中，80％来自产品设计阶段。因此，中小企业应在保证产品质量的前提下改进产品设计结构，以最低的成本实现产品适当的、必要的功能，以降低产品成本、提高企业的经济效益。比如一款普通的衬衣就没必要具有防盗、太阳能发电、根据外界温度自动变色等功能。

　　质量成本是指企业为确保规定的产品质量水平和实施全面质量管理而支出的费用，以及因为未达到规定的质量标准而发生的损失的总和。质量成本就其一般内容可以划分为五类：预防成本、检验成本、内部缺陷成本、外部缺陷成本和外部质量保证成本。预防成本是为了防止产生不合格品与质量故障而发生的各项费用；检验成本是为检查和评定产品质量、工作质量、工序质量、管理质量是否满足规定要求和标准所需的费用；内部缺陷成本是指产品交付用户前由于自身的缺陷造成的损失及处理故障所支出的费用之和；外部缺陷成本是指在产品交付用户后，因产品质量缺陷引起的一切损失费用；外部质量保证成本是指为提供用户要求的客观证据所支付的费用。质量的关键是"适用性"。质量必须给用户带来价值，明确产品的质量在于保证用户享用并使其满意的适用功能，不在超质量标准上多花一分钱。这就要求中小企业在进行研发时，不要忽略消费者的需求，盲目追求高精度、高性能，而是努力开发出令顾客满意的水平和服务即可。对于衬衣来说，偶尔有一点小的瑕疵，只要比率不高、不会影响顾客选购和企业信誉，就不一定非要做到100％的合格率。

　　（五）开办费用

　　企业在筹建期间发生的不能带来特定经济利益流入的支出，如工资、办公费、培训费、注册费等，先在开办费用中归集，等企业开业后从开业当月的收入中一次性扣除。

任务实施

　　对成本费用概念和分类的学习，是学习后面两个任务的基础。中小企业管理者心中一定要有成本费用的概念，才能做好成本费用的管理，不断提高企业效益。所以，请在前面学习的基础上，回答以下问题：

一、请写下成本和费用的概念。

　　（一）成本：

拓展阅读4-2
案例分享：苹
果手机空运案

直接成本：

间接成本：

（二）费用：

管理费用：

财务费用：

销售费用：

二、请列出被调查企业发生的固定成本和变动成本。

固定成本：

变动成本：

三、对不同部门管理人员进行考核时，如何确定成本的边界？

四、寿命周期成本、功能成本和质量成本的概念对你有何启发？

任务二 如何计算成本？

任务分析

根据生产经营特点和管理要求，合理确定成本核算对象，归集成本费用，计算产品的生产成本，是中小企业生产过程中财税工作的主要任务。产品成本的高低不仅仅会影响其定价水平，还是正确计算企业利润的依据。因此，希望你通过本部分的学习，结合被调查企业的实际情况，帮小李完成下述任务：

第一，在学习任务一的基础上，准确计算制造业企业产品的成本；

第二，了解流通企业、服务企业、现代农业企业等产品或服务成本的构成。

第三，能够根据调查资料，计算被调查企业的产品或服务成本。

相关知识

一、制造业企业的产品成本

如任务一所述，成本是企业在生产经营过程中所耗费的、用货币表现的生产资料的价值和相当于职工薪酬部分的劳动者为自己所创造的价值。费用是经营管理环节发生的除成本之外的其他支出。制造业企业的收益性支出按照其与生产经营活动的关系分为生产费用和期间费用。生产费用是产品成本的构成内容。

制造企业一般按产品品种、批次订单或生产步骤等确定产品成本核算对象。

例 4.1

某小规模纳税人企业 2018 年 7 月份的有关业务如下：

（1）用银行存款支付工资 204 000 元，其中生产工人工资 110 000 元，行政管理人员工资 94 000 元。生产工人的工资中，生产 P_1 产品的工人工资 60 000 元。

（2）用银行存款付水电费 21 000 元，其中车间耗用 15 000 元，行政管理部门耗用 6 000 元。

（3）计提机器设备折旧费40 000元。

（4）生产领用R_1、R_2材料各1 100千克，R_3材料500千克，材料单位成本均为100元/千克；本月共生产P_1产品6件、P_2产品5件，每件产品耗用材料情况见表4-1。

表4-1　　　　　P_1、P_2每件产品耗用材料情况　　　　　单位：千克

	R_1	R_2	R_3
P_1	100	100	—
P_2	100	100	100

（5）用银行存款支付新产品研发费用40 000元、市场开拓费用10 000元。

（6）银行借款利率5%，本月支付借款利息20 000元。

（7）用现金支付行政用电话费、办公用品费用等10 000元，其中电话费3 000元。

以上支出均为不含增值税的支出，间接成本按产品产量分配。

要求：分别计算P_1和P_2产品的单位成本。

分析：以上支出中，只有生产工人的工资、车间耗用的水电费、机器设备折旧费、产品耗用的材料费构成产品成本；其中水电费、折旧费为间接成本。

于是：

产品P_1的单位直接成本＝直接人工60 000÷6+直接材料（100+100）×100

　　　　　　　　　　＝10 000+20 000=30 000（元）

产品P_2的单位直接成本＝直接人工50 000÷5+直接材料（100+100+100）×100

　　　　　　　　　　＝10 000+30 000=40 000（元）

间接成本＝车间耗用水电费15 000+机器设备折旧40 000=55 000（元）

间接成本按产品产量分配：

每件产品应分摊的间接成本＝55 000÷11=5 000（元）

P_1的单位成本＝30 000+5 000=35 000（元）

P_2的单位成本＝40 000+5 000=45 000（元）

可见，产品成本由直接成本和间接成本共同构成。技术先进的现代化制造企业，一般机器设备较为昂贵，间接费用占比不断增加。因此，一定不要忽略产品成本中间接成本的内容。

二、流通企业的商品成本

流通企业一般按照商品的品种、批次、订单、类别等确定成本核算对象。

批发零售企业的进货成本，主要指商品的采购价款；其相关税费，是指

购买商品发生的进口关税、资源税和不能抵扣的增值税等；进货成本、相关税金直接计入所购商品的成本。

采购费，是指运杂费、装卸费、保险费、仓储费、整理费、合理损耗以及其他可归属于商品采购成本的费用，发生的采购费，可以结合经营管理特点，按照合理的方法分配计入不同商品的成本，采购费金额较小的，可以在发生时直接计入当期销售费用。

企业可以根据实物流转方式、管理要求、实物性质等实际情况，采用先进先出法、加权平均法、个别计价法、毛利率法等方法结转销售商品的成本。

三、服务成本的计算

服务企业的种类有很多，此处只介绍信息传输企业、软件及信息技术服务企业以及文化企业的成本计算。

（一）信息传输企业

信息传输企业一般按照基础电信业务、电信增值业务和其他信息传输业务等确定成本核算对象。会计核算上需要设置直接人工、固定资产折旧、无形资产摊销、低值易耗品摊销、业务费、电路及网元租赁费等成本项目。

直接人工，是指直接从事信息传输服务的人员的职工薪酬；业务费，是指支付的通信生产的各种业务费用，包括频率占用费、卫星测控费、安全保卫费、码号资源费、设备耗用的外购电力费、自有电源设备耗用的燃料和润料费等；电路及网元租赁费，是指支付给其他信息传输企业的电路及网元等传输系统及设备的租赁费等。

企业可以根据经营特点和条件，利用现代信息技术，采用作业成本法等对产品成本进行归集和分配。

（二）软件及信息技术服务企业

软件及信息技术服务企业的科研设计与软件开发等人工成本比重较高，一般按照科研课题、承接的单项合同项目、开发项目、技术服务客户等确定成本核算对象。合同项目规模较大、开发期较长的，可以分段确定成本核算对象。会计核算上要设置直接人工、外购软件与服务费、场地租赁费、固定资产折旧、无形资产摊销、差旅费、培训费、转包成本、水电费、办公费等成本项目。

直接人工，是指直接从事软件及信息技术服务的人员的职工薪酬；外购软件与服务费，是指企业为开发特定项目而必须从外部购进的辅助软件或服务所发生的费用；场地租赁费，是指企业为开发软件或提供信息技术服务租赁场地支付的费用等；转包成本，是指企业将有关项目部分分包给其他单位支付的费用。

（三）文化企业

文化企业一般按照制作产品的种类、批次、印次、刊次等确定成本核算对象。会计核算上设置开发成本和制作成本等成本项目。

开发成本，是指从选题策划开始到正式生产制作所经历的一系列过程，包括信息搜集、策划、市场调研、选题论证、立项等阶段所发生的信息搜集费、调研交通费、通信费、组稿费、专题会议费、参与开发的职工薪酬等；制作成本，是指产品内容的制作成本和物质形态的制作成本，包括稿费、审稿费、校对费、录入费、编辑加工费、直接材料费、印刷费、固定资产折旧、参与制作的职工薪酬等。电影企业的制作成本，是指企业在影片制片、译制、洗印等生产过程中所发生的各项费用，包括剧本费、演职员的薪酬、胶片及磁片磁带费、化妆费、道具费、布景费、场租费、剪接费、洗印费等。

文化企业发生的有关成本项目费用，由某一成本核算对象负担的，应当直接计入成本核算对象的成本；由几个成本核算对象共同负担的，应当选择人员比例、工时比例、材料耗用比例等合理的分配标准分配计入成本核算对象的成本。

四、现代农业

农业企业应根据种植业生产特点和成本管理要求，按照主要从细、次要从简的原则确定种植业成本核算对象。其主要产品确定为小麦、水稻、大豆、玉米、棉花、糖料、烟叶、草、剑麻纤维等。对主要产品，应单独核算其生产成本；对其他农产品可合并核算其生产成本。

（一）自行栽培的大田作物和蔬菜

企业应根据具体情况设置成本项目。一般情况下可设置以下成本项目：

1.直接材料，指生产中耗用的自产或外购的种子、种苗、肥料、地膜、农药等。

2.直接人工，指直接从事种植业的生产人员的工资、工资性津贴、奖金、福利费等。

3.机械作业费，指生产过程中进行耕耙、播种、施肥、中耕除草、喷药、收割等机械作业所发生的费用支出。

4.其他直接费，指除直接材料、直接人工和机械作业费以外的其他直接费用。

5.制造费用，指应摊销、分配计入各产品的间接生产费用。

（二）自行栽培、营造、繁殖或养殖的消耗性生物资产

1.自行营造的林木类消耗性生物资产的成本包括：郁闭前发生的造林费、抚育费、营林设施费、良种试验费、调查设计费和应分摊的间接费用。

2.自行繁殖的育肥畜的成本包括：出售前发生的饲料费、人工费和应分摊的间接费用。

3.水产养殖的动物和植物的成本包括：在出售或入库前耗用的苗种、饲料、肥料等材料费、人工费和应分摊的间接费用。

以上成本的计算也需要分别直接材料、直接人工、机械作业费、其他直接费和制造费用进行核算。

五、生产过程中的财税事项

生产过程中涉及的财税事项主要是构成产品成本的各项成本费用涉税问题的处理。

（一）增值税

生产领用原材料涉及的增值税在"项目三 采购过程的财税事项"中已经讲解，人工成本会在"项目六 人力资源的财税管理"中阐述，固定资产折旧和无形资产摊销金额的确定取决于采购环节的入账价值，因此，此部分主要是制造费用包含的水电费、办公费等事项的财税处理。

如果企业是一般纳税人，水电费、电话费和办公用品费用等间接生产费用均取得增值税专用发票，则计入制造费用的金额是不含税金额；如果没有取得增值税专用发票则需要按照含税金额计算制造费用；如果企业是小规模纳税人，则无论水电费、电话费和办公用品费用等间接生产费用是否取得增值税专用发票，均按照含税金额计入制造费用。

需要强调的是，日常经营过程中，如果发生材料或固定资产盘亏等事项，由于管理不善导致的经营损失部分相对应的进项税额；或者将原材料、固定资产等用于非应税项目、免税项目或用于集体福利，个人消费等情况时，其对应的进项税额不能抵扣，需要如数转出，调整当期的应纳税额。

（二）消费税

如果中小企业从事《中华人民共和国消费税暂行条例》中规定的消费品等产品的生产、委托加工或进口业务，如烟、酒、鞭炮、焰火、化妆品、贵重首饰及珠宝玉石、电池、涂料等产品，还需要在增值税之外根据销售金额或者销售数量另行计算缴纳消费税。

消费税是价内税，包含在商品的销售价格当中，直接根据销售额/销售量按照一定比率（一定数额）在规定环节计算缴纳，消费税是企业销售收入的组成部分，需要据此计算利润和应缴纳的所得税金额。消费税的计价方法见项目九的讲解。

纳税人生产的应税消费品，于纳税人销售时纳税。委托加工的应税消费品，除受托方为个人外，由受托方在向委托方交货时代收代缴税款。进口的应税消费品，于报关进口时纳税。

例 4.2

承例 4.1，如果该制造企业是一般纳税人，且水电费、电话费和办公用品费用均取得了增值税专用发票。增值税专用发票上列明的水费金额为4 627.89 元，增值税进项税额为 416.51 元；电费金额为 14 120 元，增值税进项税额为 1 835.6 元。其中，车间耗用 71%，其他为办公耗用。

要求：计算产品成本。

分析：同例 4.1，所有支出中只有生产工人的工资、车间耗用的水电费、机器设备折旧费、产品耗用的材料费构成产品成本；其中水电费、折旧费为间接成本。本例只有水电费受到纳税人身份和增值税专用发票的影响，需要计算不含税成本，其他不变。

产品 P_1 的单位直接成本=直接人工 60 000÷6+直接材料（100+100）×100

　　　　　　　=10 000+20 000=30 000（元）

产品 P_2 的单位直接成本=直接人工 50 000÷5+直接材料（100+100+100）×100

　　　　　　　=10 000+30 000=40 000（元）

间接成本=车间耗用水电费（4 627.89+14 120）×71%+机器设备折旧 40 000

　　　　=53 311（元）

间接成本按产品产量分配：

每件产品应分摊的间接成本=53 311÷11=4 846.45（元）

P_1 的单位成本=30 000+4 846.45=34 846.45（元）

P_2 的单位成本=40 000+4 846.45=44 846.45（元）

任务实施

在系统学习任务一的基础上，了解本任务的知识性内容，结合被调查企业的实际数据完成以下作业：

一、将被调查企业的支出区分为成本和费用，计算其产品或服务的成本。

二、列示流通企业商品成本的构成。

三、列举你感兴趣的一类服务企业成本的构成内容。

任务三　怎样进行成本费用预测？

任务分析

　　成本费用预测有利于企业经营者了解企业未来成本费用水平的变化情况，预测利润的变化趋势，也对企业进行资金管理有重要帮助。所以，中小企业经营者应能够根据对未来销售收入的预测，结合成本计算过程中形成的成本费用信息，进行成本费用预测。任务三要在熟练掌握任务一和任务二相关知识的基础上进行学习。最好可以结合被调查企业的信息，帮其进行成本预测，再和企业实际的成本数据进行比较。本任务的内容包括：

　　第一，进行产品或商品的成本预测；

　　第二，进行费用预测。

相关知识

一、产品或商品成本的预测

　　产品或商品成本的预测，主要是基于其成本构成展开的。其中，商品成本的预测较为简单，只要根据对其未来进价以及销售量的预测，求解二者的乘积即可，进货费用在预测时可以考虑将其计入销售费用。但是产品成本的预测较为复杂，需要考虑未来的销量、企业的均衡生产及期末存货安排，进而从材料、人工和间接费用角度展开预测。

　　（一）生产量预测

　　一般来说，为了均衡生产和及时抢占市场先机，制造业企业的生产数量往往会与预计销售量有所差别，需要在预计销量和期初、期末存货的基础上进行估计。

　　预计产量=预计期末存货+预计销量−预计期初存货

（二）材料成本预测

在计算出预计产量之后，就可以根据不同产品对材料的消耗数量来计算材料成本了。一般情况下，产品中的材料成本可以按以下公式计算：

材料成本＝产品产量×单位产品消耗材料的数量×单位材料的采购单价

如果同一种产品用到多种材料，求和即可。

如果企业同时生产多种产品，则总的材料成本即为各种产品的材料成本之和。

（三）人工成本预测

同材料成本的预测相似，人工成本也是根据预计产量和单位产品的直接人工的乘积计算（计件工资的情况下）。

人工成本＝产品产量×单位产品的直接人工

如果是计时工资，则需要根据单位产品消耗的人工工时和小时工资率确定。

人工成本＝产品产量×单位产品消耗的人工工时×小时工资率

例 4.3

承例 4.1，若下月预计 P_1 和 P_2 产品的产量分别为 12 件和 10 件，假定不用增加机器设备。

要求：预测下月的材料成本和人工成本。

分析：根据例 4.1 的资料，单位产品的人工成本为 10 000 元/件，所以，下月预计的人工成本为 220 000 元（（12+10）×10 000）。

鉴于 P_1 每件的材料成本为 20 000 元，P_2 每件的材料成本为 30 000 元，所以，材料成本为 540 000 元（20 000×12+30 000×10）。

二、费用的预测

费用是在经营管理过程中发生的各种支出，一般来说其与发生的期间关系更为密切，与企业的业务量不直接相关。因此，除非企业的经营活动发生重大变化，绝大多数的费用会在每个期间保持稳定。

如果没有债务筹资的重大变化，财务费用可以按照原来的发生额进行预测；销售上如果没有大型促销活动或者年度中间修改营销计划，一般来说，销售费用也会保持不变；管理费用也是如此，如果预测到会随着业务的变化在不同期间增加管理人员，则需要进行相应调整。

任务实施

在学习任务三的基础知识之后，结合被调查企业的实际情况，完成以下任务：

一、请写下材料成本预测的计算公式。

材料成本=

二、列出人工成本预测的两种不同方法。

三、根据被调查企业的产品或商品成本，结合对其销售的预测来预测其未来的成本水平。

考核评价

本任务可以从对成本和费用概念的把握程度、不同行业成本构成的了解程度，以及对成本和费用计算与预测的正确性等角度进行考核，可以参考表4-2开展。

表4-2　　　　　生产过程中的财税事项学习考核评价表

考核项目	分值（分）	得分
成本和费用概念的把握程度	10	
成本费用考核边界的确定	10	
不同行业成本的构成内容	10	
成本计算的准确性	20	
调查资料的取得	20	
对被调查企业成本的分解	15	
对被调查企业成本的预测	15	
合　计	100	

思考与练习

1.为什么要将企业的支出区分为成本或费用？

2.不同行业企业的产品成本是如何构成的？

3.成本和费用的预测有何不同？

项目五　销售过程的财税管理

项目目标

商品产品只有销售出去才能实现惊人的一跃。对于任何企业来说，商品产品的销售都是非常重要的工作。在做好销售的同时进行合理的业务预测和正确核算，正确处理销售业务的财税事项，科学地进行销售分析，都有利于企业资金的回流，实现中小企业的经营目标。

通过本项目的学习，应该可以实现以下目标：

第一，了解销售预测的主要方法，能够从数量和价格两个角度对销售状况进行预测；

第二，熟悉应收账款信用政策的制定方法，科学地进行应收账款的日常管理；

第三，掌握销售分析的基本思路和方法，为未来决策提供参考。

项目任务

通过市场调查和分析，小张同学发现随着生活水平的提高，越来越多的学生对于寝室装饰的问题开始重视起来，除了床品之外，一些挂饰、床头置物架、懒人架、创意台灯、香薰灯、脚垫等产品也颇受同学们的欢迎。于是，他就和另外3个同班同学一起开始经营寝室用品。原以为他们精心挑选的产品应该销售火爆，但几个月过去之后，发现产品的销售收入与创业前的预期相差太远，货品积压导致了大量库存，而且还有同学拖欠货款不还钱的情况出现。这让小张懊恼不已，但是又不知道问题出在哪里。学完本项目之后，请你帮助小张完成以下任务：

第一，合理进行销售预测，科学备货；

第二，如何加速收回货款以减少客户对资金的占用，提高企业的资金使用效率；

第三，根据销售状况进行销售分析，制定下一步的销售策略。

|导引案例|

海底捞的危机应对

四川海底捞餐饮有限公司（以下简称海底捞）是我国知名的火锅企业，以选料卫生、服务态度极佳而出名。2011年"海底捞"注册成为中国驰名商标。然而，就是这家以服务为亮点的火锅店，却出现了一次重大事故。2017年8月，海底捞北京劲松店和太阳宫分店被媒体曝光后厨有老鼠，清扫卫生用具与餐具一池同洗，用扫帚簸箕洗刷清理储物柜和洗碗机，用顾客餐具通下水道等一系列问题。事后海底捞的反应速度令人吃惊。事发后仅4个小时，即发布致歉信并承认曝光属实，愿意承担全部责任。两个小时后，海底捞再次发布一份处理通报，清晰列出切实可行的整改措施。这次危机事件，不仅没有让海底捞的股价下跌，反而使其上涨3%左右，并且赢得了顾客的信任与支持。

资料来源：韩泽扬.海底捞事件危机管理的时间序列分析及启示[J].企业改革与管理，2019（4）：49-50.

案例解析：

中小企业在销售产品和服务过程中可能会遇到各种"意外"，需要做好社会"公关"，借助外界监督改善内部管理，切实履行其必须肩负的社会责任。海底捞的危机处理不仅仅呈现出企业的真诚态度，其列出的切实可行的整改措施更给顾客吃了一颗定心丸，相信其日后的经营质量，给广大商家树立了一个很好的榜样。

|案例笔记|

■每次销售活动都是双方的交易。企业在定价时需考虑消费者的心理承受能力及其对价格的接受水平。

■格力率先在业内提出"家用空调六年包修"的口号。凭借过硬的产品质量赢得高速发展和丰厚利润。

■产品只有销售出去才能为客户带来价值，要能够站在以终为始的角度看待成本，形成重视营销的经营理念。

■应收账款是有成本的，因此，应在维护企业信用政策的基础上加速款项回收，降低成本费用。

■日常经营中应经常对销售状况展开分析，调整产品结构，多生产和销售毛利率高的产品或服务，提高企业盈利能力。

任务一　如何进行销售预测？

任务分析

一般来说企业在开业前就需要备货以备销售，开业之后还要依据对于未来销售的预测购进相应货物，制定其他各项预算。销售预测是企业预算的起点，其他所有的预算均要依据销售预测的相关资料来编制。进行销售预测时，需要对商品/产品的数量和价格以及不同商品/产品的销售结构等进行预测。通过对课程知识的学习，结合对调查企业的了解，需要首先完成以下任务：

第一，了解市场需求调查的基本方法，能够选择最适合本企业的调查方法；

第二，熟悉主要的定价方法，可以为本企业的商品/产品合理定价；

第三，了解销售过程中涉及的财税事项，维护企业的合法权益。

相关知识

一、市场调查

市场调查即调查市场状况、周边环境和消费者需求，通过搜集、整理、分析有关市场营销的数据信息，了解市场现状和发展趋势的过程。通过市场调查，经营者可以了解与市场相关的客观因素，诸如环境、政策、法规等方面的信息，以及与市场相关的主观因素，如消费者需求、竞争对手等信息。详尽的市场调查有助于中小企业做出准确的市场定位、更好的市场细分以及企业的营销决策，减少经营过程中的失误，增加企业成功的可能性。为了制订销售计划，也为了合理备货，中小企业的管理者均需要熟悉市场调查的基本方法，并结合企业实际开展市场调查工作。

（一）市场调查的方法

实地观测/观察法、抽样调查法、问卷调查法、访问调查法、座谈讨论法、比较法、提问法、实验法等是常用的市场调查方法。

1.实地观测/观察法

中小企业的经营者可以通过对展销会、说明会现场或者生产、包装现场的实地观察和记录来调研取证，以收集所需信息。观察的对象可以是人（消费者、生产者、管理者、组织者等）的行为，也可以是商品、展台、车间等客观事物；观察的侧重点以所需信息为准绳；在观察的过程中一般先是边看边记，然后整理分析，最后得出结论；为了将现场悉收眼底，观察者往往会借助现代技术，比如摄像机、照相机，来记录现场状况。

2.抽样调查法

抽样调查法是从全部单位中抽取部分样本进行考察和分析，通过部分去推断整体的一种调查方法。抽样调查法具体可分为两种：概率抽样法和非概率抽样法。习惯上将概率抽样法称为抽样调查。概率抽样即按照概率论和数理统计原理从调查对象中随机抽取样本，通过样本与总体之间的数量关系来对总体特征做出估计和判断。当调查对象本身无法从总体入手而只能以部分取代时，比如连续生产产品的质量需要检测、寿命需要测定，利用抽样调查可以减少工作量，提高调查效率。采用这种方法时，为了将误差降到最低，可以多做几次抽样。

3.问卷调查法

问卷调查法是市场调查最普遍采用的方法之一，在采用该方法时应遵循一定原则，通过设计高质量的调查问卷，更好地实现调查目的。

调查问卷的设计应遵循可信原则、有效原则和数量适度原则。应不会对调查对象产生误导，能够对调查对象的心理活动进行了解并进行可靠反映，同时使得到的信息资料能够对中小企业经营者的市场营销决策和其他研究问题有用，问卷中题目的数量适当，不要过多或过少。

设计好的问卷可以通过传真、信函、网络、报刊和实地调查等方式进行发放，不同的发放方式其成本和调查效果会有不同，中小企业可根据成本预算和希望达到的调查目的选择使用。

4.访问调查法

访问调查法可以分为人员访问和电话访问两种。人员访问是调查者通过与被调查者面对面交谈来获取市场信息的一种调查方法；电话访问则通过打电话的方式进行，方便、快捷，节省人力物力，覆盖面广。

5.座谈讨论法

座谈讨论法也叫焦点小组法，是从目标市场中抽取一群人，一般以6~10人为宜，来探讨相关话题的一种调查方式。在调研产品概念、产品测试、顾客满意度、用户购买行为等方面应用率极高。

6.比较法

常言道，有比较才有鉴别。信息搜集中的比较实际上是一种取巧，即参照同行业中的其他企业的销售状况或销售计划，试着分析他们的计划的可行性，从中总结经验，结合自身需要，获取有利的信息。

7.提问法

提问法实际上是设问法，即中小企业经营者先对未来的销售情况做出预测，并对预测结果提出相关疑惑或问题，然后带着问题进行调查，以调查的结果来论证预测的可行性。调查信息可以从网络、图书馆、传统媒体，或者在一对一的交流中，或者在问卷中获得。

8.实验法

实验法是试验先行、实验可行才进而大规模推广的一种市场调查方法。在所有的市场调查方法中，实验法最科学，也最具科技含量。它要求先设定一个实验环境，预设各种影响因素或条件，通过实验对比，对市场需求、市场环境或营销过程中的某些变量之间的关系及其变化进行理性分析。

（二）市场调查的步骤

典型的市场调查一般可分为三个阶段：调查准备阶段、正式调查阶段和调查结果处理阶段，正式调查阶段分为制订市场调查计划和组织实施计划两项工作，调查结果处理阶段包括分析调查资料和撰写调查报告两个环节。

二、定价方法

通过市场调查了解了商品的大致需求之后，中小企业还需要为商品制定一个合理的价格，以便在可以增加销量的同时增加企业的利润。一般来说，商品定价可以采用如下方法：

（一）成本加成定价法

成本加成定价法是在产品成本的基础上加上一定的预期报酬和销售税金作为产品预计销售价格的方法。对于商贸流通企业来说，产品成本是商品的进价，其他企业则是产品的生产成本。以小张销售寝室用品为例，如果他进一张单人床单的成本是20元，每张床单想赚5元，需要支付的增值税是1元，则销售价格应定为每张床单26元。

（二）竞争定价法

在产品或服务定价时，除考虑其生产成本和消费者需求外，还需要根据市场的竞争状况来确定具体的价格水平。以竞争为基础的定价策略以同类产品和服务的市场供应竞争状态为依据，以竞争对手的价格为基础，根据竞争对手的实力和自身产品或服务的质量以及发展战略等因素的要求来确定价格水平。

（三）其他定价方法

1.撇脂法和渗透法

撇脂法是以高价将产品投入市场，在初期获得高额利润，以后随产品销路扩大逐渐降价的策略。这种策略适用于市场上没有类似替代物，或其质量或功能不宜量化的产品。渗透法是以低价将产品投入市场，尽快打开销路，夺取更大市场份额，以后再逐渐提高价格的策略。在产品市场规模大、竞争激烈、价格弹性大的情况下，采用渗透策略，可以达到以廉取胜、薄利多销的目的。

2.尾数定价法和整数定价法

尾数定价法指企业针对消费者求廉的心理，在商品定价时有意采用非整数的定价形式，以达到引起消费者购买欲望、增加销量的目的。以这种方法制定的价格，其尾数以8和9居多，这样既能给消费者一个价格较低的印象，又能使消费者认为企业定价认真准确，从而产生一种信任感。但该方法一般仅适用于价值较小、销售量大、购买次数较多的商品。

整数定价法与尾数定价法相反，是以整数作为商品定价的一种方法。高档商品或耐用消费品在定价时宜采用本方法，给消费者一种商品质量好、可靠性强的印象，从而刺激其购买欲望。

3.声望定价法和促销定价法

声望定价法是以商店或商品的声望为基础为商品定价的方法。这种定价方法根据消费者对某些产品的信任，以及消费者对名牌、高端产品的"价高必质优"的心理，把某些实际上价值不大的产品价格定得很高，以满足消费者的心理需求。

促销定价法是利用消费者的求廉心理，有意将某一种或某些商品的价格定得很低，甚至以接近于或低于成本的价格销售，以扩大其他商品销售的方法。

三、销售过程中的财税事项

全面"营改增"之后，流转环节的税种主要是增值税，而经营特定商品的企业还需要缴纳消费税，不过这两种税的性质不同，在进行销售环节财税处理时需要中小企业做一些了解。

（一）增值税

增值税是针对商品的增加价值而征收的一种税，只有形成增值才用纳税。比如，小张经营的寝室用品，如果单人床单进价是20元，售价是26元，则在此过程中发生了商品的增值业务，需要就增加的价值部分交纳增值税。

增值税虽然由终端消费者承担，但是为保证税收工作的顺利开展，增值税采用经营机构代扣代缴的方式。就是说销售企业在将商品销售给消费者时，需要先将应交的增值税金额从消费者那里收过来，再一起将一段时间（一般为一个月）代收的增值税金额一起交给国家。

增值税是价外税，是企业代国家从消费者处先行收取再集中缴纳的，增值税金额不构成企业的销售收入。因此，在销售环节计算销售收入时应将相应的增值税税额扣除后确认。

项目九会专门讲解增值税纳税人的不同分类和纳税方法，这里不再详述。

（二）消费税

中小企业销售应纳消费税的产品时，需要在销售环节缴纳消费税。按照纳税人销售应税消费品向购买方收取的全部价款和价外费用作为计税基础。如卷烟在批发环节会加收一道消费税；金银首饰的消费税由零售者在零售环节缴纳，超豪华小汽车在零售环节加征一道消费税。

纳税人自产自用的应税消费品，也要按照纳税人生产的同类消费品的销售价格计算纳税；没有同类消费品销售价格的，按照组成计税价格计算纳税。

（三）特殊销售的税费处理

1.视同销售

单位或者个体工商户的下列行为，视同销售货物：将货物交付其他单位或者个人代销；销售代销货物；设有两个以上机构并实行统一核算的纳税人，将货物从一个机构移送其他机构用于销售，但相关机构设在同一县（市）的除外；将自产或者委托加工的货物用于非增值税应税项目；将自产、委托加工的货物用于集体福利或者个人消费；将自产、委托加工或者购进的货物作为投资，提供给其他单位或者个体工商户；将自产、委托加工或者购进的货物分配给股东或者投资者；将自产、委托加工或者购进的货物无偿赠送其他单位或者个人。对于视同销售的行为，尽管没有实际销售行为的发生，但是企业也需要计算缴纳增值税。

2.兼营和混合销售

兼营，是指企业销售货物、劳务、服务、无形资产或者不动产，适用不同税率或者征收率的经营行为，表现为企业多种产业并存的经营模式。纳税人兼营不同税率的项目，应当分别核算不同税率项目的销售额；未分别核算销售额的，从高适用税率。

一项销售行为如果既涉及服务又涉及货物，为混合销售。从事货物的生产、批发或者零售的单位和个体工商户的混合销售行为，按照销售货物缴纳增值税；其他单位和个体工商户的混合销售行为，按照销售服务缴纳增值税。

3.销售折扣或折让

商品销售折扣是指企业在赊销和商业信用的情况下，为了推销商品和及早收回销售货款，而给予购货方的一种价格优惠，分为商业折扣和现金折扣。商业折扣是指企业按照标明的商品零售价格开出发票，然后在此基础上给流通领域中批发、零售环节一定的折扣。中小企业销售货物给购货方的销售折扣，如果销售额和折扣额在同一张销售发票上注明的，可按折扣后的销售额计算征收增值税；如果将折扣额另开发票，则不得从销售额中减除折扣额。现金折扣是企业的理财行为，不涉及增值税的问题。

　　销售折让是指企业因售出商品质量不符合要求等原因而在售价上给予的减让。企业将商品销售给买方后，如买方发现商品在质量、规格等方面不符合要求，可能要求卖方在价格上给予一定的减让。发生折让时企业应冲减当期的销售商品收入，并对按规定允许扣除的增值税税额进行增值税销项税额的冲减。

例5.1

　　小张和同学一起创办的中小企业（小规模纳税人）经销各种不同的寝室用品，一张单人床单进价20元，售价26元。

　　要求：计算相应的增值税金额，确认销售收入。

　　分析：小张创办的企业是小规模纳税人，其进货过程中取得的发票无论是否是增值税专用发票，进项税额均不能抵扣而是构成商品的进价（成本）。应缴纳的增值税按照3%的征收率计算征收。

　　首先计算单人床单的不含税收入：

不含税收入=终端售价÷（1+征收率）=26÷（1+3%）=25.24（元）

单人床单应缴纳的增值税金额=不含税收入×征收率=25.24×3%=0.76（元）

例5.2

　　假定小张创办的企业是增值税一般纳税人，其他条件同例5.1。

　　要求：分别计算其增值税金额和销售收入。

　　分析：如果小张的企业在进货过程中取得了增值税专用发票，则发票上列明的增值税进项金额（2.6元）计入进项税额，可以在计算增值税应纳税额时扣除；销项税额则在销售时根据开具的增值税专用发票上列明的金额予以确认，由于终端售价是消费者最终的购买价格，已经包含了相应的增值税金额，所以，在开具增值税专用发票时需要将价税分离计算。

不含税的销售收入=终端售价÷（1+增值税率）=26÷（1+13%）=23（元）

增值税销项税额=23×13%=2.99（元）

该项业务应该缴纳的增值税税额=销项税额-进项税额=2.99-2.6=0.39（元）

任务实施

　　在学习本部分知识的基础上最好能够针对2～3家中小企业进行调查，了解其采用的市场调查策略，以及其对于商品价格的制定方法，在此基础上完成下面的任务。

一、将市场需求调查的主要方法写在下面。

二、设计一张调查问卷，针对企业拟推出的新产品的市场需求展开调查。

三、被调查企业是如何为其产品定价的？小张的创业项目如何定价比较好？

四、你还了解哪些产品定价策略？写出你对不同定价策略的理解。

任务二 如何加速货款回收？

任务分析

对于制造类企业和专门从事贸易的批发企业来说，按照行业惯例往往会进行一定比例的赊销，部分零售企业和服务企业在一定情况下也会发生赊销的情况，从而形成一定数量的应收账款。应收账款实质上就是被客户占用的企业资金，当应收账款增加时，一方面回收款项的成本会增加，另一方面会形成款项无法回收的风险，还会让企业丧失将该资金进行投资可能获得的收益。那么，企业应如何制定销售政策，又该如何加强对日常应收账款的管理呢？希望通过本部分的学习，并和调查企业的情况相结合，在学习完毕之后，可以完成以下任务：

第一，知晓信用政策的构成内容，可以为中小企业制定合适的信用政策；

第二，熟悉应收账款的管理办法，能够编制账龄分析表。

相关知识

一、信用政策制定

信用政策，是指企业为对应收账款进行规划与控制而确立的基本原则性行为规范，是企业财务政策的一个重要组成部分。其包括信用标准、信用期间、现金折扣等内容，主要作用是调节企业应收账款的水平和质量。

制定信用政策，需要企业建立有效的应收账款管理体系，主要包括以下内容：进行行业付款习惯分析，了解所在行业的销售及收款习惯；在提供任何产品或服务之前对客户的信用进行调查和评估；确定合适的信用标准、信用期间和现金折扣等。

（一）信用标准

信用标准是指顾客获得企业的交易信用所应具备的条件。如果顾客达不到信用标准，便不能享受企业的信用或只能享受较低的信用优惠。

可以通过信用分析的方法确定客户是否满足企业的信用标准，通过"六C"系统来评估客户赖账的可能性。"六C"系统是评估顾客信用品质的六个方面：品质（character），是指顾客的信誉，即其履行偿债义务的可能性；能力（capacity），指顾客的偿债能力，用流动资产的数量与质量以及其与流动负债的比例确定；资本（capital），是指顾客的财务实力和财务状况，表明顾客可能偿还债务的背景；抵押（collateral），是指顾客付款或无力付款时能被用做抵押的资产；条件（condition），是指可能影响顾客付款能力的经济环境；持续性（continuity）指客户持续经营的可能性。中小企业可以从客户的财务报表、客户开户银行的证明文件、其他与客户有来往的企业的证明、有关客户的信用评级和信用报告等获得"六C"的信息。

（二）信用期间

信用期间是企业允许顾客从购货到付款的时间，或者说是企业给予顾客的付款期间。如果企业允许顾客在购货后的 45 天内付款，则信用期间为 45 天。

信用期过短，不足以吸引顾客，在竞争中会使销售额下降；信用期放长，对销售额的增加固然有利，但同时客户占用企业资金的数额也会增加，并会增加发生坏账（款项无法收回）的风险。因此，企业必须慎重研究，规定出恰当的信用期间。

（三）现金折扣

现金折扣是销售企业为鼓励客户在规定期限内提前付款，而向债务人提供的一种按不同期间付款给予不同比例折扣的债务扣除。现金折扣发生在销货之后，是一种筹资性质的理财费用，可以吸引顾客为享受优惠提前付款，缩短平均收现期；可吸引一些视折扣为减价的顾客前来购货，扩大销售。

现金折扣看起来是销售方的一项支出，但是对于急需现金的中小企业来说，资金周转是最重要的问题，而且如果企业能将尽早收回的现金用于其他投资，获得比现金折扣更高的收益，则提供现金折扣不但缩短了企业资金的周转期，而且能给企业带来更多收益。

二、应收账款管理

如果企业有赊销行为，在既定的信用政策下便会形成一定金额的应收账款，为提高企业的经营效益就需要加强应收账款的管理。如可以通过账龄分析，采用合理的收账方式等措施，尽可能降低应收账款的成本。

微课 5-1
应收账款成本、信用政策和日常控制

（一）账龄分析

企业的应收账款时间有长有短，有的尚未超过信用期间，有的则超过了信用期间。一般来讲，拖欠时间越长，款项收回的可能性越小，形成坏账的可能性越大。

对此，企业可以通过编制账龄分析表的方式对应收账款实施严密的监督，随时掌握回收情况。账龄分析表的格式见表 5-1。

利用账龄分析表，企业可以了解到以下情况：有多少欠款尚在信用期内，这些款项未到偿付期，欠款是正常的；有多少欠款超过了信用期，超过不同时间长短的款项各占多少，有多少欠款会因拖欠时间太久而可能成为坏账。对不同拖欠时间的欠款，企业应采取不同的收账方法，制定出经济、可行的收账政策；对可能发生的坏账损失，则应提前做出准备，充分估计这一因素对损益的影响。

表5-1　　　　　　　　　　　　　　账龄分析表

应收账款账龄	账户数量	金额（元）	百分比（%）
信用期内			
超过信用期1～30天			
超过信用期30～90天			
超过信用期90～300天			
超过信用期300天以上			
应收账款总额			

（二）账款回收方式

对于超过信用期限的应收账款应采取适当的方式予以催收，如先是打电话问候，接着采用信函、传真等方式，如果还是没有收回，可继续采用人员拜访、收款机构帮忙，甚至通过诉讼的手段来解决。

不同的收账手段需要支出的费用不同，一般而言，收账费用越多，坏账损失越少，但这两者并不一定存在线性关系，如图5-1所示。通常情况是：

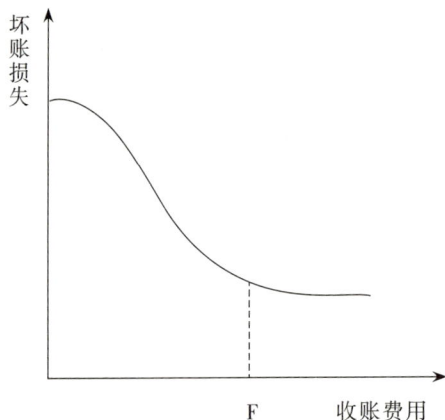

图5-1　收账费用和坏账损失的关系

（1）开始花费一些收账费用，应收账款和坏账损失有小部分降低；

（2）收账费用继续增加，应收账款和坏账损失明显减少；

（3）收账费用达到某一限度以后，应收账款和坏账损失的减少就不再明显了，这个限度称为饱和点。

所以，企业经营者应在了解不同收账措施的成本及其效用以及客户对企业重要程度等的前提下，结合企业拟和客户建立的关系以及企业未来的发展战略，采用恰当的收账方法。

任务实施|

结合对上面知识点的学习，以及对被调查企业调查资料的整理，回顾并完成以下任务：

一、请用自己的语言描述信用政策的构成内容及你对它的理解。

二、将了解到的中小企业所在行业的信用政策特征写在下面。

三、应收账款的收账方法有哪些？被调查企业采用过哪些收账方法？理由是什么？

任务三　怎样进行销售分析？

任务分析|

经过一段时间的经营之后，中小企业商品产品的销售是否实现了预期，哪些商品销售得较好，哪些商品发生了滞销，原因是什么？商品的销售是否带来了预期的利润，不同地域的销售状况如何，哪些客户是优质客户？这些均是销售过程中需要明晰的问题，以便可以有针对性地制定下一步销售策略，让企业实现更好的增长。所以，在学习下面的知识之后，应该可以回答如下问题：

第一，如何进行销售完成情况分析？

第二，怎样进行商品销售的品种、区域和客户分析？

第三，为什么要开展销售分析？其对于中小企业的意义何在？

相关知识

中小企业需要根据对以往销售收入的分析，确定实际销售状况和销售预测的吻合程度，了解畅销和滞销产品的品种，对销售出去的商品的获利情况做到心中有数，并且能够根据销售和库存的状况购置新的存货，使企业获得可持续发展。

一、销售完成情况分析

销售完成情况分析是将实际实现的销售收入同预测数或者计划数相比，分析实际与预测或计划的差异，查找原因、分析对策的一种分析方法。

按产品品种进行的销售完成情况分析可借助表5-2进行。

表5-2　　　　　　　　　　　销售完成情况分析表

产品品种	计划销售收入	实际销售收入	销售完成情况	回款百分比	毛利率	
					计划	实际
A产品						
B产品						
C产品						
合计						

回款百分比可以分析销售收入的质量，以及与企业信用政策的匹配情况。结合毛利率进行分析可以了解产品销售结构的合理性，企业应尽可能加大毛利率高的产品的销售，以便提高整体的盈利能力。

销售完成情况分析还可以地区为基础、以客户为基础等，分析方法可参考下面的内容。

销售完成情况分析还可以采用柱状图（如图5-2所示）的方式，柱状图可以清晰地呈现不同产品、地区、客户的销售收入完成情况。

销售收入完成百分比

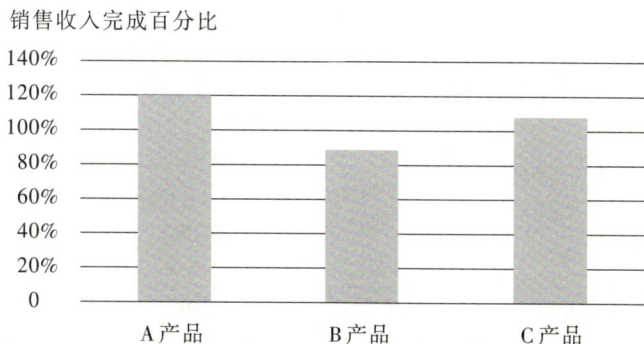

图5-2　销售收入完成情况柱状图

二、按产品品种进行分析

按照 2/8 原则，企业 80% 的利润基本上是由 20% 的产品或服务提供的。因此，当企业生产不同种类的产品或提供一种以上的服务时，中小企业经营者不但要关注全部收入的情况，还应该关注不同产品或服务的销售收入完成情况，及其毛利的不同状况，找到毛利高的产品或服务，将管理的重点放在这些产品或服务上，不断扩大这些种类产品或服务的销售，获取更多利润；同样，找出毛利率低的产品或服务，分析其原因，以便寻求改进措施。这种分析可以借助表 5-3 或通过柱状图的方式进行。

表5-3　　　　　　　　　不同产品或服务销售情况

项目	计划销售		实际销售		回款百分比	毛利率	
	收入	占比	收入	占比		计划	实际
A产品							
B产品							
C产品							
合计							

柱状图的方式可参见图 5-2 的介绍，下同。

在进行不同产品或服务的销售收入完成情况分析时，还可以结合去年同期数据进行同比分析，或根据上月数据进行环比分析。

三、按销售区域进行分析

不同产品或服务在不同市场的毛利会有所不同，中小企业的经营者应对此有所了解，以便了解不同区域客户的"画像"，制定有针对性的销售策略。这种分析也可以借助表 5-4 或通过柱状图的方式进行。

表5-4　　　　　　　　　　　　不同区域产品的销售和毛利情况

区域/产品		计划销售收入	实际销售收入	销售完成情况	回款百分比	毛利率	
						计划	实际
甲地区	A产品						
	B产品						
乙地区	A产品						
	B产品						
丙地区	A产品						
	B产品						
合计	A产品						
	B产品						

　　假如通过分析发现A产品在甲地区的毛利较高但是销售较少，则应分析原因寻求对策，加大A产品在甲地区的宣传力度；如果B产品在丙地区毛利较低但是销售收入较高，超出了计划金额，则应减少其在该地区的销售投入，将更多精力放在毛利率高的地区上。

四、按客户进行分析

　　同样按照2/8原则，企业80%的销售基本上是由20%的客户带来的。因此，企业经营者还应该关注不同客户的销售收入状况，尤其是销售给不同客户形成的毛利状况，找到销售毛利率高的20%客户，将80%的管理精力放在这些客户身上，以增加对这些客户的销售额，获取更多利润；对于那些毛利率低的客户，分析其原因，以便提高对其的销售收入或销售毛利率。基于不同客户的分析方法同上，此处不再赘述。

任务实施

　　本部分内容的运用需要根据企业的实际经营状况，对于还没有成立企业的学生团队来说，根据对被调查企业资料的整理进行分析也是一个不错的选择，所以，学生应该以团队的方式取得被调查企业商品产品销售的相关资料，在此基础上完成以下任务：

一、对于做过销售预测或计划的被调查企业，分析其销售完成情况。

二、对被调查企业进行商品销售的品种、区域和客户分析。

三、请用自己的语言描述销售分析的意义。

考核评价

考核学生对销售预测方法、信用政策制定、应收账款管理、销售分析等知识点的掌握程度，以及对于被调查企业资料的整理状况，了解学生知识和技能的提升水平。可以参考表5-5进行考核。

表5-5　　　　　　　销售过程中的财税事项学习考核评价表

考核指标	分值（分）	得分
调查问卷的质量	25	
定价策略选择吻合度	15	
信用政策内容掌握	25	
收账方法选用合理性	10	
销售完成情况分析内容的回答	5	
销售分析作用的描述	10	
被调查企业资料的整理状况	10	
合　　计	100	

思考与练习

1. 你觉得中小企业有没有必要进行销售预测，为什么？

2. 根据其他课程所学的知识，你觉得什么样的销售预测方法更好，请陈述理由。

3. 你还了解哪些定价方法？你最喜欢哪些定价方法？

4. 企业为什么要有自己的信用政策？

5. 为什么要加强日常的应收账款管理？有哪些相应的管理方法？

6. 销售分析可以从哪些方面进行？

项目六 人力资源的财税管理

项目目标

　　企业之间的竞争是人才的竞争，没有合适的人才企业会变成"止业"。但是由于用人单位需求和人才供给之间存在的矛盾，往往导致企业一才难求，中小企业花在找人招人上的时间、精力和成本都很高。如何将需要的人"招得来、用得好、留得住"是关乎企业是否可以实现可持续发展的关键。为了做好这些工作，需要对企业的招聘渠道和不同渠道的成本效益差别有所了解，需要知道人力资源开发和维护的主要内容以及相对应的支出项目，还必须掌握如何通过股权激励的方式将核心人才留住、用好的技巧和原则。

　　通过本项目的学习，应该：

　　第一，了解企业招聘的不同渠道、招聘支出和试用期的相关规定；

　　第二，熟悉员工薪酬的主要构成和辞退福利的法律规范；

　　第三，掌握人力资源开发成本和股权激励的原则、技巧；

　　第四，知晓人力资源管理的财税事项。

项目任务

　　大学生小李读书期间参加了学校开设的"创业基础"课程，对于创业的流程、方法和相关知识有了一定的了解，加上国家和学校对于大学生创业给予的大力支持，就产生了创办企业的想法。小李根据对周边同学需求的了解，就和2个志同道合的朋友一起注册了一家有限责任公司，面向大学生提供短期旅游和团建服务，同时也承接企业和其他组织的团建服务。为了提供更好的服务，公司需要大量专业的团建设计和旅游线路设计人员。可是，对于通过什么样的途径可以招聘到这些专业人才、人员的报酬怎样确定、如何才能将人才留住等问题小李都找不到什么头绪，且小李对于相应的法律规定也不甚了解。希望通过本项目的学习，你可以帮助小李解决以下问题：

　　第一，帮他梳理出主要的招聘渠道以及不同渠道的主要支出；

　　第二，对员工招聘、雇用和辞退的相应法律规定进行整理，帮助其合法经营；

　　第三，将用工期间员工薪酬的构成、人力资源开发的成本及其相应的财税事项理清楚；

　　第四，用自己的语言描述员工股权激励的原则和技巧。

|导引案例|

辞退员工的正确打开方式与理性看待失败

传统观点认为，如果公司考虑要和某位员工说再见，就应该把这位员工放到"绩效提升计划"（Performance Improvement Plan）中去，证明其能力的不足。但通常，他们的工作方式、他们的努力或他们与同事及老板交流的方式并没有什么不对的。他们非常优秀，只是在工作发生进化时已不再适合这份工作，或者他们在你要求完成的下一份工作上不再拥有高绩效。所以，无须把他们归结为失败者，只需要指出他们不是非常匹配公司的需求即可。

奈飞的某支团队聘用了一位员工，人人都喜欢他。但在面试完他之后，我非常确信我们应该继续寻找一位更合格的人选。但是这支团队的成员们说："不行！我们可以教他，我们会让他上手。"我说："也许吧，但是，你们要让他对现在需要做的工作上手，而不是对6个月之后的工作上手。"但他们一再坚持。6个月之后，这个可怜的家伙更加落后于进度了，他的团队伙伴们变得完全沮丧起来，还要疯狂地弥补他所带来的短板。这个时候，我给苹果公司人力资源部的一个人打了一个电话，推荐了这个员工，使他在离开之前就得到了一份非常不错的工作。

微软的比尔·盖茨曾对他的亚洲研究院院长张亚勤说："如果你所有的研究项目都是成功的，那你的工作就是失败的。"微软公司甚至提出"没有失败说明工作没有努力"，向每个员工灌输正确对待失败、尊重失败的思想。微软员工中没有人惧怕失败，他们都习惯于将失败看作是走向成功的垫脚石。微软的管理层也是一样，一旦员工出错，他们所采取的方法不是批评、斥责或扣发薪水，而是冷静理智地分析出错的过程。

微软的做法是对失败的尊重，所以，失败也就成就了微软的成功。用微软的话说："失败是成功的一种需要。"当我们用"失败是成功之母"这句话来做自我安慰的时候，微软已经把它当作了一种理念，用来指导工作。这确实是一种境界，难怪微软会取得令人胆寒的成功。

资料来源：[1] 麦考德P.奈飞文化手册［M］.范珂，译.杭州：浙江教育出版社，2018.

［2］翟文明.世界上最神奇的60个经典定律［M］.北京：华文出版社，2011.

案例解析：

员工是企业的第一产品。中小企业管理者只有将员工作为团队成员看待，平等对待员工，正确认识员工，理性对待员工的失败，鼓励员工不断创新，勇于提出自己的看法，才会得到员工真诚的回报，在竞争中处于优势。这世界上没有垃圾，只有放错了地方的宝贝。用人所长，将每个人放在最合适的岗位，充分利用各自的比较优势，是每一个中小企业经营者应该具备的管理素质。

案例笔记

■向奈飞学习，只雇用、奖励和容忍那些完全成熟的成年人。

■用人经理是部门的首席招聘人员，招聘高绩效者是他最重要的工作，而不是人力资源管理部门的。

■招聘优秀人才不是招聘"一流选手"，而是为岗位需求找到最佳匹配人员。

■当某些员工需要被辞退时，无须把他们归结为失败者，只需要指出他们不是非常匹配公司的需求即可。这不是针对他们个人，也无关失败。

■对员工进行奖励时，要关注个人所得税税率的变化，不要让奖金成为负激励。

任务一　人力资源招聘的渠道和成本有哪些?

任务分析

当企业目前的经营团队不能满足中小企业经营需求或未来的经营方向时，招聘到适合的人才就成了企业发展壮大的基础和瓶颈。由此，需要在学习相关知识的基础上，通过和企业经营者的对话以及对中小企业的调查，了解或熟悉以下内容：

拓展阅读6-1
初创公司如何
招聘

第一，了解招聘的主要渠道和流程；

第二，熟悉不同渠道的成本支出；

第三，掌握法律关于用工合同和试用期的相关规定。

相关知识

一、员工招聘的渠道和步骤

中小企业的员工（也包括企业的管理人员和创始合伙人，为方便起见以下统称为员工）数量一般不足，需要招聘加以补充。招聘状况从源头上决定着员工的质量和企业的核心竞争力。随着全球范围内创业型经济的发展，员工招聘变得日益困难，所以，中小企业经营者应该以招募合伙人的心态来招聘员工，对拟招聘的员工以诚相待，给其相应的报酬和待遇，为员工的发展提供更高的平台。由此，需要了解员工招聘的途径和步骤，以更低的成本招聘到优秀的员工。

（一）员工招聘的主要渠道

员工招聘的路径可以按照"同心圆"的原则选择，按照从内至外的顺序一层层地思考。最里层的人选是创业团队身边和团队成员最熟悉的人，包括朋友、前同事、同学，以及朋友圈或者群里相识的人。在这个最内圈搜寻完以后，就需要依次了解外部的招聘渠道了。不过，不同的招聘渠道各有优缺点，需要中小企业的经营者和企业的人资部门充分了解、斟酌选用。

1.推荐人推荐

这种方式就是由最内圈的人来帮忙介绍他们认为合适的人。采用这种方式，招聘成本相对较低，离职率也会比较低。因为推荐人比较了解应聘人员，不用花费大量的宣传费用，而且容易得到被推荐人的认同；不过，这种方式招聘范围小，也容易在以后的工作中形成小团体。

《大易：2021中国企业内部推荐实践调研报告》显示，58.6%的企业采用了线上内推平台进行内推管理，而这一数据在互联网行业中占到了82%以上；有26.7%的企业正在尝试外部推荐，"弱连接"带来更多的人脉机会与想象可能。①

2.线下渠道

（1）校园创业分享。对以高校学生为主的绝大多数中小企业经营者来说，在高校校园进行招聘也是一种低成本的招聘方式。随着双创教育在高校的普及，对创业型教师的需求日益增加，高校的专职教师普遍缺乏创业经历，因此，邀请已经创业的学生回校分享是一种常见的补充师资的方式。于是，中小企业经营者就可以利用学校需求，主动到高校分享创业经历，甚至帮忙讲授创业课程中的某个部分，还可以在全校范围内开展创业讲座，让更多的师生了解企业。这样不仅可以帮助企业做免费宣传，提高企业的知名度，而且可以顺便开展招聘工作，还可以通过提供实习机会的方式，先行了解高校学生的素质状况，将适合企业未来发展的人留下来。

（2）人才市场。通过人才市场，即中介机构招聘可以节省时间，针对性较强；但招聘费用较高，招来的人却并不一定符合要求。

（3）教育机构。通过教育机构招聘，如高校招聘会等现场招聘会避免信息失真，见面交流也是一种初步的筛选机制，还有助于宣传企业；但其招聘费用较高。

（4）企业内部提拔。当较高层次的职位出现空缺时，如缺少一名销售经理，就可以从现有普通销售员中选拔。某普通销售员当上销售经理，其显然是被提拔了。相对于从外部劳动力市场招聘而言，内部提拔能更了解应聘者的工作态度和能力，通过晋升也能更好地激励下级员工，海底捞、好市多等

---

① 佚名. 大易：2021中国企业内部推荐实践调研报告［EB/OL］.（2021-10-22）. http：//www.199it.com/archives/1329119.html.

企业的高层管理者均主要来自于内部提拔。但这种方式的应聘者来自于企业内部，视野可能不够开阔。

（5）广告。广告媒体包括报纸、广播、电视、网络等，利用广告媒体招聘的具体情况不尽相同。企业要选择合适的广告媒体并仔细构思广告内容。

3.线上招聘

在移动互联网时代，社交媒体的招募越来越普及和广泛，世界500强的企业90%都将社交媒体招聘作为重要的招聘途径之一。上亿数量级的社交网络用户，比起仅有千万级别用户的传统招聘网站，就天然形成了一种大社区优势。而且社交媒体类的招聘渠道都有一个特点，就是让过去冷冰冰的求职者向企业投递简历进而再面试，变成了更人性化的人与人之间的沟通，而且省去了许多复杂的流程，变得更加便捷和高效。

（1）综合性网上招聘。代表性网站如51job、智联招聘等，这类渠道都是综合性的招聘渠道。在上面有各个行业的招聘信息，招募者发布招聘信息，获取简历。而求职者更多的是主动求职者。这类招聘渠道面比较广，但是可能收到的简历的质量会比较一般。有时候需要企业主动去搜寻需要的简历才会比较高效。

（2）垂直的招聘网站。垂直的招聘网站对岗位的划分非常细致，很多是和互联网公司的岗位相匹配的。这类人群相对聚焦，相应地，简历质量的匹配度会高一些，可以免费发布招聘信息，比如专注于互联网行业招聘的拉勾网，专注于灰领群体灵活用工的"小包智工"，专注于为IT行业灵活用工服务的"猿派"。但是如果要提高企业在网站的曝光率或增加简历数量可能需要采用付费的方案。

4.猎头类招聘

其既包括线上又包括线下的猎头公司。线上的猎头类网站有猎聘网、猎上网等；线下有很多专注不同领域的大大小小的猎头公司，如比较知名的科锐、锐仕方达等。通过猎头中介帮忙寻找合适的人才，虽然可以节约招聘的时间、提升效率，但同时也意味着较高的成本。

5.社交招聘

大众型的社交媒体如微信、微博等，也是很好的招人渠道。这些社交型的招募渠道为求职者和招聘者搭建了一个直接交流沟通的平台，更加直接和高效，而且这种趋势在未来会越来越明显。

此外，还有一大类新兴的、被称为社交媒体类的招聘渠道。这些渠道包括：领英，老牌的职业社交网站，很多外企都在上面找高端人才；Boss直聘，提供求职者和老板的直接一对一沟通；脉脉，国内的职业社交网站，上面有许多的职业人士。

在团队的不同发展阶段，招聘渠道的选择也有所不同。中小企业的资本有限，通过推荐人或选择适当的广告进行招聘，比较理想；在有好的雇主品牌之前，社交媒体的方式比较好；如果要定点找优秀的高端人才，猎头是可以考虑的途径；如果有了一定的雇主品牌，那综合性的招聘网站使用效果较好。

（二）员工招聘的步骤

中小企业一般需要实干型、技术型、创智型等不同类型的人才，一般来说实干型人才需求最多，技术型次之，创智型最少。但也不尽然，软件类企业的人才结构中就应该有大量的技术型人才和工程师。因此，企业应在了解招聘步骤的基础上科学地开展招聘工作。

招聘程序主要包括以下几个步骤：

1.确定岗位需求，制订招聘计划

招聘计划应该包括招聘的岗位、要求及其所需人员的数量，招聘信息的发布，招聘对象，招聘方法，招聘预算，招聘时间安排。

2.发布招聘信息

企业应根据招聘需要，采用相应的招聘渠道将招聘信息向社会发布，确保有更多符合要求的人员前来应聘，并可以通过应聘者自己所填的求职表、推荐材料和调查材料等渠道搜寻候选人信息。

3.人员甄选

甄选的过程一般包括接收求职申请材料、对所有应聘者的情况进行初步审查、知识与心理素质测试、面试等，以确定最终的录用者。

4.评估录用

人员录用过程一般可分为试用合同的签订、新员工的安置、岗前培训、试用、正式录用等几个阶段。要强调的是，对于考核合格的员工，在正式录用时，一定要和员工签订正式的录用合同，明确双方的责任、义务与权利。

5.招聘工作评价

要对招聘的结果、招聘成本和招聘方法等方面进行评估。一般在一次招聘工作结束之后，要对整个招聘工作做一个总结和评价，以便进一步提高下次招聘工作的效率。对招聘工作的评价可以从招聘工作的效率和对录用人员的评估两方面进行。

二、人力资源招聘成本的构成

根据对上面招聘程序的分析可知，人力资源招聘过程中的成本主要有岗位需求分析的成本、发布信息的成本、甄选信息的成本、面试的成本、入职手续及培训的成本等几个方面。

（一）岗位需求分析的成本

一般来说，需求分析在企业初创期尚无专门人资部门时由创业团队直接进行，有了人资部门之后是人资部门的工作人员根据企业发展来进行分析的。需求分析的成本主要是无形成本，或者说机会成本。因为很难将一些直接的支出划分到需求分析中，因此，可以在计算资金需求时予以忽略。

（二）发布信息的成本

发布信息的成本主要是资金成本，是直接的资金支出。这部分成本由广告费、摊位费、差旅费等构成。无论选择哪个招聘渠道，要发布企业的人才需求信息一般均需要支付相应的广告费，除此之外如果是线下招聘还需要支付摊位费，招聘人员的交通、住宿等差旅费；如果是线上招聘还需要支付给网站相应的费用，这部分费用主要是有形支出，比较容易计算出来，也是最不能忽略的成本。

根据前面讲到的招聘渠道，对其信息发布成本进行整理，见表6-1。

表6-1 **不同招聘渠道的采用率及信息发布成本**

招聘渠道	采用率		成本
	牛人团队	一般团队	
推荐人推荐	高	高	低
线下招聘	一般	一般	高
线上招聘	低	高	中
社交渠道招聘	一般	一般	高（时间长）
猎头类招聘	高	低	高

（三）甄选信息的成本

甄选信息的成本包括简历的阅读、筛选，联系面试的通信支出等，更多地表现为一般的工作内容而不是专门的经费支出。对有人资部门的企业来说，甄选信息的成本是人资部门经费的构成部分；对没有人资部门的中小企业来说，甄选信息就是企业经营者的工作内容，并没有专门的经费支持和支出，但是会有精力付出等时间成本的存在。

在信息甄选阶段，有的企业会采用职业测试的方式进行淘汰。从职业测试机构购买测试题目或者网络接口，成本可能会是3 000～5 000元/人，若是需要招聘总监则成本会达到数万元。

（四）面试的成本

面试一般分为招聘专员的电话面试、部门经理的现场面试，还有最终一轮的面试。对有人资部门的企业来说，面试的成本包括面试的一些材料支出（面试题目的印刷费、试题费）、场地费用支出（如果需要租赁场地的话）等。对于没有人资部门的中小企业，面试的成本构成比较复杂，请对方吃饭、喝茶、打球等支出都应当算作招聘支出，以及占比较大且难以确定的时间成本。

（五）入职手续及培训的成本

办理入职手续阶段的主要成本包括制作和发送录用信（或录用通知）的成本、拟入职人员的体检成本、工作前的培训和工作指导成本等，隐性成本还包括offer薪酬与市场差异成本、试用期工作适应成本等。入职之后如果能够安全度过试用期，招聘期间的成本就此结束；如果试用期不合格，还会包括解除劳动合同成本和工作失误成本。

如果委托中介机构进行招聘，则中介机构会根据行业、职位、岗位内容、工作强度等的需求不同对每人收取500～2 000元的费用。如果通过外部猎头招聘一个职位，可能会有30 000～50 000元的开销。按照伦敦雇主品牌机构Link Humans的首席执行官Jörgen Sundberg的说法，招聘、面试和新员工入职的成本可能高达24万美元。如果新员工不太合适，还会产生额外的费用，更糟糕的是企业还可能需要继续寻找替代者。

三、劳动合同和试用期的相关规定

企业招聘的员工在入职之前应当按照《中华人民共和国劳动合同法》（以下简称《劳动合同法》）的规定签订劳动合同，约定劳动报酬等事项，并约定试用期的期限，守法经营。

（一）用工合同和劳动报酬

用人单位自用工之日起即与劳动者建立了劳动关系，应当订立书面劳动合同。已建立劳动关系，未同时订立书面劳动合同的，应当自用工之日起一个月内订立书面劳动合同。劳动合同包含劳动报酬、社会保险等内容。

用人单位未在用工的同时订立书面劳动合同，与劳动者约定的劳动报酬不明确的，新招用的劳动者的劳动报酬按照集体合同规定的标准执行；没有集体合同或者集体合同未规定的，实行同工同酬。

（二）试用期

《劳动合同法》关于试用期限的规定见表6-2。

表6-2 不同试用期期限

劳动合同期限	试用期期限
不满三个月或以完成一定工作任务为期限	不得约定试用期
三个月以上不满一年	不得超过一个月
一年以上不满三年	不得超过两个月
三年以上固定期限和无固定期限	不得超过六个月

需要提醒的是，期限为劳动合同的期限，试用期是包含在劳动合同期限内的，如果劳动合同仅约定试用期的话，试用期不成立。

劳动者在试用期的工资不得低于本单位相同岗位最低档工资或者劳动合同约定工资的百分之八十，并不得低于用人单位所在地的最低工资标准。

任务实施

请在学习上述内容的基础上，结合你对中小企业的调查，完成以下任务：

一、请梳理出招聘的主要渠道。

二、将不同招聘渠道的信息发布成本进行比较，完成表6-3。

表6-3　　　　　　不同招聘渠道的采用率及信息发布成本对比

招聘渠道	采用率		成本
	牛人团队	一般团队	
推荐人推荐	高	高	
线下招聘	一般	一般	
线上招聘	低	高	
社交渠道招聘	一般	一般	
猎头类招聘	高	低	

三、请整理出不同招聘环节的成本构成，填写表6-4。

表6-4　　　　　　　　　　不同招聘环节的成本构成表

招聘环节	成本构成
岗位需求分析	
信息发布	
信息甄选	
面试	
入职及培训	

四、请描述出法律关于用工合同和试用期的相关规定。

（一）用工合同。

合同签订时间：

关于劳动报酬的规定：

（二）试用期。

试用期期限的规定：

试用期报酬的规定：

五、被调查企业是如何招聘员工的？通过调查你有什么收获或建议？

任务二　如何进行人力资源开发？

任务分析

招聘到企业需要的人才是人力资源管理的第一步，对人才的开发和培养则是人力资源管理的重头戏。如何才能更好地开发培养企业所需的人才，开发过程中的成本又如何计量都是中小企业面对的主要问题。本部分需要通过相关知识的学习，以及和被调查企业高管的交流，弄清楚以下问题：

第一，知晓人力资源开发成本的构成；

第二，了解培训过程中涉及的财税事项，能够正确处理培训支出的涉税事宜；

第三，熟悉股权激励的原则和技巧，可以设计企业的股权激励方案。

相关知识

人力资源开发可以从外因和内因两方面入手。外因方面可以通过对员工进行培训，用外部资源提高人员自身的综合素质；内因方面可以通过股权激励的方式，调动企业人员的内在积极性。

一、员工培训的形式和成本

为了提高工作效率，企业还需要对已获得的人力资源进行培训，以使他们具有预期的、合乎具体工作岗位要求的业务水平。员工培训的形式主要包括员工上岗前的教育、在岗培训和脱产培训等。

（一）员工培训的方法

对规模较小的大量中小企业而言，最好由企业经营者亲自对新进员工进行岗位培训；对规模稍大的企业而言，其培训工作可分别由企业各职能部门的领导负责，如销售副经理负责新进销售人员的培训，办公室主任负责新招文员的培训等。具体的培训方法有：

1.以会代训。

这种方式由企业的领导者来主持会议，通过会议对重要的想法进行有针对性的辅导，这是企业培训中高层管理人员的常见方法。新企业的创建者应该把团队培训纳入整个培训体系中来，有计划地对团队成员所需要的技能及团队协作、沟通能力进行培训。

2.专题讲座。

专题讲座是向受训者提供基本政策和程序性工作信息的培训方法。讲座既可以由企业内熟悉情况的人来做，也可以聘请外部专家来做。

3.角色扮演。

角色扮演包含了从观察和实践中学习。这种培训方法通过特定的场景，将实际工作中可能遇到的场面进行戏剧化的演绎，让受训者在练习中进行反思和讨论，对培训内容产生切身感受，从而可以更好地将培训内容和实际工作相结合。角色扮演的方法在培训销售人员如何推销、主管如何管理下属等方面非常实用。近些年流行的沙盘培训就是很好的角色扮演方法。

4.自我培训。

自我培训是指员工利用事先准备好的培训资料，结合自身情况进行自我学习。这种培训方式花费不多，学习效果好，有利于员工根据自身情况投入时间、精力等。

5.在职培训。

在职培训是为了使员工具备有效完成工作任务所必需的知识、技能和态度，在不离开工作岗位的情况下对员工进行的培训，通常由有经验的员工或主管人员来实施。在职培训是小企业最常用的培训方法，如展示如何操作机器、如何处理账务等。在职培训还可以采取"请进来，送出去"的培训模式，也可以采取传、帮、带的方式，工作轮换的方式，教练的方式，团队学习的方式和初级董事会的方式等来实施培训。

6.脱产培训。

脱产培训指离开工作和工作现场，由企业内外专家和培训师对企业内的各类人员进行集中教育培训。它按培训时间长短分为全脱产和半脱产培训。脱产培训可以让员工在较长的时间内系统地学习某一领域的知识，更好地提高员工的综合素质，匹配企业发展的需求。

（二）员工培训的成本

员工培训的成本主要包括岗前培训成本、岗位培训成本和脱产培训成本三部分。三部分的构成内容主要有：

1.培训材料费。

在职或脱产培训，岗前或岗位培训，一般均要发放一些培训材料，产生相应的费用，如材料的取得费用、印刷费用、装订费用等。

2.讲师费用。

无论聘请内部还是外部的人来做员工培训，一般均要支付一定的报酬。内部人员的报酬相对较低，如果老板自己来做培训还可以不收报酬；外部聘请的人员报酬相对较高，可能还会包含专家的交通、住宿、餐饮等费用。

3.场地费用。

如果在租来的场所中进行员工培训还需要支付场地费，甚至还可能需要准备一些培训用的条幅、本和笔等物品。

4.差旅、培训费用。

如果员工到企业外部参加培训，还需要支付一定的培训费用，培训期间还会发生交通、住宿、出差补助等差旅费用。

尽管员工培训会花费一些支出，但是，通过员工培训可以提高企业的竞争力、凝聚力和战斗力，也可以提高员工的就业能力、内在竞争力、职业发展的稳定性，甚至员工的收入，为员工提供更好的发展平台和职业前景，有利于留住人才。

二、培训经费的财税规定

对于企业的培训支出，按照相关法律规定可以提前计提，记入有关成本费用科目，但是，却只能在所得税法规定的标准内进行扣除。

1.培训经费的计提

按照相关法律的规定，企业可以按照工资总额的一定比例计算提取"职工教育经费"，专门用于职工教育培训方面的支出，计提的职工教育经费允许计入当期的成本费用。所以，中小企业应遵循法律规定，按期计提职工教育经费。

2.培训经费的财税处理

虽然企业可以按照工资总额的一定百分比计提职工教育经费，但是并不是所有的职工教育经费均可以抵减应纳税所得额，需要中小企业特别予以关注。

对于软件企业和高科技企业，为鼓励企业发展，给予了若干优惠政策：软件企业的职工培训费用，可按实际发生额在计算应纳税所得额时扣除；自2015年1月1日起，注册在中国境内、实行查账征收、经认定的高新技术企业发生的职工教育经费支出，不超过工资薪金总额8%的部分，准予在计算企业所得税应纳税所得额时扣除；超过部分，准予在以后纳税年度结转扣除。

按照财税〔2018〕51号《关于企业职工教育经费税前扣除政策的通知》，其他企业发生的职工教育经费支出自2018年1月1日起，不超过工资薪金总额8%的部分，也准予在计算企业所得税应纳税所得额时扣除；超过部分，准予在以后纳税年度结转扣除。政策的公布实施，将职工教育经费税前扣除限额8%政策的适用范围由高新技术企业等特定企业扩大到所有企业，有利于引导企业加大对职工教育培训的投入力度，将对企业培养"工匠"和创新人才起到积极作用。

但是，职工取得学历的费用支出，比如MBA、EMBA等的学费支出，不得在职工教育经费中列支。

三、股权激励方式和技巧

为了能够让员工更好地为企业服务，还可以通过股权激励的措施，从内因层次调动员工自主学习的积极性，为此需要企业财务人员了解股权激励的方式和技巧。

（一）股权激励的方式

中小企业经营者可以采用股票期权、期股、员工出资购股、虚拟股票等方式，对激励对象进行期权激励。

股票期权是由企业向特定的个人（一般为高级管理者、核心技术人员或突出贡献者）授予的、在未来一定时期内按照约定价格购买公司一定数量股票的权利。这种方式又包括员工持股、管理层收购等。当企业有较高的可以被员工感知到的成长性时，通过股权激励，可以使其更加努力工作，通过提高企业业绩增加行使权力的可能性及其权利的价值。

期股是企业所有者向经营者提供激励的一种报酬制度，其实行的前提条件是经营者必须购买本企业的相应股份。企业可以通过向员工提供贷款、允许雇员分期返还的方式，或者提供购买股票的折扣或给予相应的股票红利等措施鼓励员工购买期股。"年薪+期股"的激励模式被众多企业认可，并逐渐成为"年薪制"，对经营者实施长期激励。

员工出资购股是指内部员工通过支付一定的现金购买公司的股票。其在拟上市阶段较为常用。但使用时需关注购股价以及员工范围的界定。

虚拟股票也称模拟股票分红，是企业授予激励对象的一种"虚拟"的股票，激励对象可以据此享受一定数量的分红权和股价的升值收益。华为一直采用这种方式激励员工，98.99%的股权全部为华为投资控股有限公司工会委员会（以下简称华为工会）持有，这一方面帮助华为融到了大量资本，另一方面对员工有很大的激励作用。拥有虚拟股票的员工，可以获得一定比例的分红，以及虚拟股对应的公司净资产增值部分，但没有所有权、表决权，也不能转让和出售。在员工离开企业时，股票只能由华为工会收回。

（二）期权激励技巧

激励技巧是实现激励效果的催化剂，创始人一定要对股权激励的技巧做到心中有数。

1.巧妙选择激励对象、时间和股权比例

在激励对象的选择上，企业可以遵循伞形变化的规律，即激励对象范围逐渐扩大，按照企业规模变化和发展时间，将激励对象由高管慢慢扩大至普通员工。

初期的激励对象适合选择以下三类人员：

第一，功臣——企业过去需要的人，对功臣的激励是对历史的认可和尊重，也可以起到稳定现在的能臣的作用；

第二，骨干——企业现在需要的人，通过期权激励的方式既给其现在的收益，也给其对未来的预期；

第三，苗子——企业未来需要的人，通过激励机制的设计，对那些对企业未来发展有利的苗子，将其与骨干之间期权的差距作为激励措施，可以起到更好的激励效果。

用于激励员工的股权比例严格来说没有统一规定，创始人可以根据企业的性质、发展状况以及员工的表现酌情确定。在上述典型的股权架构中，员工激励的股权比例一般为 10%～25%，并认为 15% 左右是一个合理的比例。

图 6-1 为 360 和华为的期权池。

图6-1　360和华为的期权池

2.科学地确定激励成本

对尚未对外融资的企业来说，可以采用以下两种方式：第一是按照原始股价等价购买，即按照创始人创业时的每股价格等价购买。第二可以按照激励时的每股净资产购买，也可以在此基础上给予一定折扣。对已经有过外部股权融资的企业来说，可以以上一轮优先股股价的十分之一作为期权的行权价格，也可以根据激励对象工作时间的不同，以及贡献的不同，在购买成本上予以一定折扣。

3.把握好激励的艺术

在进行股权激励时遵循以下原则可以起到很好的激励效果：

第一，保密原则。对不同激励对象明确规定不同职位可以购买的股份数量的上限，但是每个人实际购入的数量一定要求全员保密；

第二，先小人后君子，制定严格的规章制度和规定，激励对象违反其中的任何一条，企业都可以按规定处理，如未遵循保密原则，则泄密者的股权应该被收回；

第三，对创始人的亲属应一视同仁；

第四，要规定完善的期权收回制度。

用于激励的股票可以来自大股东的转让，或者创始人股东的等比例转让。

4.制定好股权退出机制

股权退出分正常退出和非正常退出。正常退出的情形包括：退休、丧失劳动能力、决策层认为应该收回的情况等。正常退出时，可以按照退出时的净资产和购股成本孰高的原则购回，给他人最大的利益。对于轻资产类的互联网公司，如果近期有融资记录，也可以参照最近融资估值的价格，打一个折扣。还可以按照初始投资加一定的报酬率作为退出时的股权定价。

对于在劳动合同有效期内主动辞职、被公司除名、在工作中有重大过失或涉嫌刑事犯罪等情形的退出，应将其持有的股权强行收回，可以按照当初的买价，或者现在净资产的价格进行回购。

对于合伙人离婚或去世的特殊情况，则采用特殊的方式应对：第一，离婚。建议在合伙协议里约定特别条款，要求合伙人与现有或未来配偶约定股权为合伙人一方个人财产，或约定如离婚，配偶不主张任何股份权利（但可以给予一定的经济补偿）。第二，继承。可以在公司章程中约定合伙人的有权继承人不可以继承股东资格，只继承股权财产权益。

除了股权激励的方式之外，企业还可以通过物质激励、目标激励、工作激励、参与激励、荣誉激励、尊重和关心激励、竞争激励、成长激励、创新激励、文化激励、负激励等措施来调动员工的工作积极性，实施人力资源的内因开发。

任务实施

请在学习前述知识和对被调查企业调查的基础上，完成下面的任务。

一、描述人力资源开发成本的构成内容。

二、员工培训有哪些形式？培训成本包括哪些内容？

（一）员工培训的形式。

（二）员工培训成本的内容。

三、关于培训费用的支出，所得税的相关法律是如何规定的？

四、请将股权激励的方式和技巧梳理在下面空白处。

股权激励的方式：

股权激励的技巧：

五、被调查企业是通过什么方法培训员工的？你觉得员工培训的意义何在？

六、请为某被调查企业设计一套合适的股权激励方案。

任务三　人力资源的维持成本有多少?

任务分析

在日常工作的过程中,员工为企业的发展做出了应有的贡献,企业就应该支付员工相应的薪酬作为回报,维系和员工的合作关系。因此,人力资源的维持成本主要指员工的薪酬以及员工工作期间相应的保障支出。但是如果关系维持得不好可能会出现员工离职的情况,会涉及相应的离职成本。如何维护好和员工的合同关系,在此过程中会发生哪些成本费用,一旦员工离职还会有哪些支出呢?请在学习的过程中思考如下问题:

第一,员工的薪酬支出包括哪些内容?

第二,企业应该为员工负担哪些保障性支出?

第三,一旦员工离职,企业需要支付哪些费用?

第四,从员工聘用、培训、上岗到员工离职的成本费用在总体上是什么情况?

相关知识

本部分的维护成本涵盖了人力资源招聘及开发之外的支出,包括使用成本、保障成本和离职成本等内容。这些支出是构成职工薪酬的主要内容,使用成本和保障成本也是常规的人力资源成本管理的核心内容。

一、使用成本和保障成本

(一)人力资源的使用成本

人力资源的使用成本主要包括日常支付给职工的工资薪金、职工福利费、职工教育经费和工会经费等。职工教育经费在人力资源开发部分已经涉及,这里只阐述其他的使用成本。

1.工资薪金

工资薪金是指企业每一纳税年度支付给在本企业任职或者受雇员工的所有现金形式或者非现金形式的劳动报酬,包括基本工资、奖金、津贴、补贴、年终加薪、加班工资,以及与员工任职或者受雇有关的其他支出。

2.职工福利费

职工福利费是企业按实际工资总额的一定比例列支的专门用于职工福

利事业的支出。其包括为职工卫生保健、生活、住房、交通等所发放的各项补贴和非货币性福利，以及丧葬补助费、抚恤费、安家费、探亲路费等。

3.工会经费

工会经费是企业工会依法取得并开展正常活动所需的费用，主要用于为职工服务和工会活动。比如，工会为会员及其他职工开展体育、教育、文化宣传等活动的支出，用于维护职工权益等的支出，工会组织的职工集体福利等方面的支出等。

4.调剂成本

调剂成本是企业为了保持稳定而付出的包括疗养、娱乐、公休等成本。它是一个调节器，能够调节职工的工作与生活节奏，使其消除疲劳而发挥更大的作用；也能满足职工必要的需求，稳定职工队伍并吸引外部人员进入企业工作。

调剂成本包括职工疗养费用、职工娱乐及文体活动费用、职工业余社团开支、职工定期休假费用、节假日开支费用，以及改善企业工作环境的费用等。

企业要对调剂成本做到合理安排。比如，将各项费用都花在刀刃上，服务于大家，这样才能起到效果。

（二）保障成本

人力资源保障成本是保障人力资源在暂时或长期丧失使用价值时的生存权而必须支付的费用，包括劳动事故保障成本、健康保障成本、退休养老保障成本、失业保障成本等。

劳动事故保障成本是企业承担的职工因工伤事故应给予的经济补偿费用，包括工伤职工的工资、医药费、残疾补贴、丧葬费、遗属补贴、缺勤损失和最终补贴费等；健康保障成本是企业承担的职工因工作以外的原因（如疾病、伤害、生育、死亡等）引起健康欠佳不能坚持工作而需给予的经济补偿费用，包括医药费、缺勤工资、产假工资及补贴、丧葬费等；退休养老保障成本是社会、企业及职工个人承担的保证退休人员老有所养和酬谢其辛勤劳动而给予的退休金和其他费用，包括养老金、养老医疗保险、死亡丧葬补贴，以及遗属补偿金等；失业保障成本是企业对有工作能力但因客观原因造成暂时失去其工作的职工给予的补偿费用，包括一定时期的失业救济金，主要是为了保障职工在重新就业前的基本生活需求。

为了维护职工的合法权益，企业除了向职工支付上述的使用成本外，还需要按照法律规定，为职工缴纳"五险一金"，即医疗保险费、养老保险费、失业保险费、工伤保险费和生育保险费以及住房公积金等。

二、职工薪酬的相关财税事项

（一）工资薪金的财税规定

企业按照股东大会、董事会、薪酬委员会或相关管理机构制定的工资薪金制度的规定，实际发放给员工的工资薪金为"合理工资薪金"，准予在计算所得税时予以扣除。

列入企业员工工资薪金制度、固定与工资薪金一起发放的福利性补贴，符合"合理工资薪金"规定的，可作为企业发生的工资薪金支出，按规定在税前扣除。不能同时符合上述条件的福利性补贴，应作为职工福利费，按规定计算限额税前扣除。

（二）职工福利费的财税规定

企业发生的职工福利费支出，不超过工资、薪金总额14%的部分，在计算企业所得税时准予扣除。

（三）工会经费

企业拨缴的工会经费，不超过工资、薪金总额2%的部分，在计算应纳税所得额时准予扣除。

（四）"五险一金"的财税规定

企业依照国务院有关主管部门或者省级人民政府规定的范围和标准，为职工缴纳的基本养老保险费、基本医疗保险费、失业保险费、工伤保险费、生育保险费等基本社会保障费和住房公积金准予扣除；企业为投资者或者职工支付的补充养老保险费、补充医疗保险费在国务院财政、税务主管部门规定的范围和标准内准予扣除；但除了企业依照国家有关规定为特殊工种职工支付的人身安全保险费和国务院财政、税务主管部门规定可以扣除的其他商业保险费外，企业为投资者或者职工支付的商业保险费不得扣除。单位和个人"五险一金"的缴纳比例明细见表6-5，不过该比例会随地域和时间而有所调整。

表6-5　　　　　　　　　"五险一金"的缴纳比例明细

项目	单位缴纳比例	个人缴纳比例
养老保险	20%	8%
医疗保险	6%	2%
失业保险	2%	1%
工伤保险	1%	0
生育保险	1%	0
住房公积金	5%～12%	8%～12%

三、离职成本

离职成本是指企业在员工离职时可能支付给员工的离职津贴、一定时期的生活费、离职交通费等费用，主要包括解聘、辞退费用及因工作暂停而造成的损失等。其主要包括离职补偿成本、离职前低效成本和空职成本等。

（一）离职补偿成本

离职补偿成本是企业辞退职工或职工自动辞职时，企业所应补偿给职工的费用，包括一次性付给职工的离职金、必要的离职人员安置费等支出。

在以下情形中用人单位必须向离职的员工支付经济补偿：双方协商一致解除劳动合同的，系用人单位原因企业首先提出解除劳动合同的；用人单位无过失性解除劳动合同的；用人单位实施经济性裁员的；劳动者因病或其他原因不再适合或胜任企业工作或签订劳动合同的条件发生重大变化，用人单位提出解除劳动合同的；劳动合同期满用人单位维持或者提高劳动合同约定条件续订劳动合同，劳动者不同意续订的；用人单位被依法宣告破产、清算的。

经济补偿金额主要取决于劳动者的工作年限和月工资（指劳动者在劳动合同解除或终止前12个月的平均工资）两个条件。一般情况下，经济补偿金=本人月工资×工作年限，计算方式见表6-6。

表6-6　　　　　　　　　　　　经济补偿金计算方式

计算方式	工作年限
本人月工资×0.5	不满6个月
本人月工资×1	6个月以上不满1年
本人月工资×工作年限	1年以上

如果劳动者月工资高于当地上年度职工月平均工资3倍的，经济补偿金为职工月平均工资×3×工作年限（该年限最多不超过12年）。

（二）离职前低效成本

离职前低效成本是职工即将离开企业而造成的工作或生产低效率损失费用。在职工离职前由于办理各种离职手续或移交本岗位的工作，其工作效率一般都会降低而造成离职前的低效率损失。这种成本不是支出形式的费用，而是其使用价值降低而造成的收益减少，是一种机会成本。

（三）空职成本

空职成本是由于某职位空缺使某项工作或任务完成受到不良影响，从而给企业造成的损失，包括由职位空缺而造成的该职位的业绩减少、由空职影响其他职位工作而引起企业整体效益降低所造成的相关业绩减少等，也是一种隐性成本。

四、人力资源成本总结

下面将本项目三个任务中涉及的所有与人力资源管理相关的成本费用归集到表6-7中。

表6-7　　　　　　　　　　　　　人力资源管理成本

成本项目	取得成本	开发成本	维护成本		
			使用成本	保障成本	离职成本
成本内容	岗位需求分析成本 发布信息成本 甄选信息成本 面试成本 入职手续及培训成本	培训资料费 讲师费用 场地费用 差旅、培训费用	工资薪金 职工福利费 工会经费 调剂成本	五险一金	离职补偿成本 离职前低效成本 空职成本

左侧边栏：
微课6-1
人力资源招聘、开发、离职成本

任务实施

人力资源的日常维护工作虽然主要在人资部门进行，但是却对中小企业的发展起着至关重要的作用。应该通过本部分的学习，结合对被调查企业的采访或调查资料，完成下面的任务：

一、将员工使用成本的主要内容列在下面空白处。

二、将人力资源的保障性支出及相应比例填写在表6-8中。

表6-8　　　　　　　　　被调查单位"五险一金"缴纳比例明细

项目	单位缴纳比例	个人缴纳比例
养老保险		
医疗保险		
失业保险		
工伤保险		
生育保险		
住房公积金		

三、员工离职的成本主要有哪些？离职补偿成本是如何计算的？

（一）员工离职成本的主要内容。

拓展阅读6-2
员工的离职
成本

（二）离职补偿成本计算的规定。

四、被调查企业员工的薪酬由哪些内容构成？对于员工离职的补偿是如何做的？

考核评价

本部分内容理论性和操作性均较强，还涉及比较多的法律规定，需要在熟悉相应法律法规的基础上，结合对中小企业的调查完成任务。因此，考核主要基于知识性内容和实践性内容两部分，见表6-9。

表6-9　　　　　　　人力资源中的财税事项学习考核评价表

考核内容		分值（分）	得分
知识性内容 70分	不同成本构成的掌握情况	20	
	财税规定问题回答的正确性	25	
	相关法律法规规定掌握的准确性	15	
	股权激励技巧表述的灵活性	10	
实践性内容 30分	调查资料整理的有效性	20	
	拟创办企业的股权激励方案	10	
合　　计		100	

思考与练习

1.人力资源招聘的重要性体现在哪些方面？

2.如何才能有效地开发人力资源？

3.股权激励的技巧有哪些？

4.做好人力资源维护需要有哪些支出？

项目七 产品研发的财税管理

项目目标

运用掌握的科技力量进行产品、技术、服务的研究开发，是每一个中小企业均应认真思考的问题，对于高科技企业来说更是如此。进行研究开发势必会发生各种不同的支出，这些支出如何能够更好地发挥效用，国家相关法律法规对于企业的研发支出又是如何规定的，遇到新的课题是企业依靠自身力量投入经费进行研究开发还是和"外脑"进行合作，或者直接购买相应专利和技术，对于取得的科研成果如何进行知识产权保护等，不仅会影响到企业短期的经济效益，甚至会关乎企业的生死存亡。

学完本部分，应该能够：

第一，分析自主研发和外购决策涉及的成本费用及其对企业核心技术和市场占有率的影响；

第二，了解研发费用的主要构成和相应的财税规定；

第三，熟悉知识产权保护的法律手段。

项目任务

会计专业毕业的小杨和其他两名同学一起创办了一家会计公司，专门做代理记账、报账、纳税等会计服务工作。前几年，借助通用的记账软件，依靠大量的手工劳动，把票据整理、凭证编制和记账、报税等工作进行得井然有序，业务得到快速发展。但是随着人工成本的快速上升和劳动关系的日益松散，一方面招聘来的人员薪酬支出大幅增加，另一方面员工的稳定性较差、流动性很强，好不容易培养起一个合格的会计，在不长的时间内就辞职不干了，重新招聘还得经历同样的"培养—辞职"流程。于是，创始人经过商量后，想借助于当下的人工智能和云计算技术，开发一款可以自动编制凭证、登记账簿的软件。但是，是企业投入资金自行研发呢，还是和其他科研单位合作研发，抑或是委托其他单位代为研发？不同的研发策略对公司未来的核心竞争力会有什么影响？研发支出的财税规定又是怎样的？如果自主研发又该如何做好知识产权保护呢？这些问题让创业者们陷入了思考之中。希望你能够在学完本部分内容之后，帮助这家创业企业解决以下问题：

第一，分析自主研发和外购决策涉及的成本费用及其对企业核心技术和市场占有率的影响；

第二，梳理出研发支出的相关财税规定，对中小企业有所帮助；

第三，了解企业的主要知识产权及其保护策略，帮其做好知识产权保护工作；

第四，区分研发过程中不同支出的性质，进行正确核算和处理。

|导引案例|

万燕早飞和苹果成熟

1992年4月，时任安徽现代集团总经理的姜万勐参加美国国际广播电视技术展览会，被美国C-CUBE公司展出的一项不起眼的MPEG（图像解压缩）技术吸引。此后，他先后出资57万美元于1993年9月将MPEG技术成功地应用到音像视听产品上，研制出一种物美价廉的视听产品——VCD。同年12月，他又与美籍华人孙燕生（时为C-CUBE公司董事长）共同投资1 700万美元成立了万燕公司。1994年，万燕开始批量生产VCD，但初期由于片源不配套，使VCD在市场发展上停滞了很长一段时间。中国的老百姓到了1994年年底才逐渐认识VCD，在这一年，万燕生产了几万台VCD机，每台定价4 250元左右，推出了97种卡拉OK碟片，由此开创了一个市场，确立了一个响当当的品牌，并形成了一整套成型的技术，独霸VCD市场。但万燕推出的第一批1 000台VCD机，几乎都被国内外各家电公司买去做了样机，成为解剖的对象。到1997年国内市场VCD销售达到1 000万台时，爱多、步步高、新科等品牌纷纷突起，但"万燕"却在这个产业中，从"先驱"成为"先烈"，其市场份额从100%跌到2%，被同省的美菱集团重组，成为美菱万燕公司。

苹果在2001年推出了iPod移动音乐播放器以及iTunes线上音乐商店，逐步建立起软件内容的基础；2004年3月申请了与平板电脑相关的专利；2007年，市场的网络环境日臻成熟，苹果推出了第一代iPhone智能手机；2008年推出了App Store软件商店平台，致力于打造软件服务内容；2010年1月，当苹果在软件内容方面拥有相对的竞争优势、网络环境对移动上网变得友善、科技生产力得以生产出轻薄便宜的平板电脑之后，最终推出iPad这个平板电脑产品，在短短两年的时间内风靡全世界。

资料来源：王艳茹，等. 创业财务［M］. 北京：清华大学出版社，2017：83-84.

案例解析：

对大多数中小企业来说，不搞研发是等死，搞研发是找死。可是为了保持竞争力，企业又不得不考虑技术和产品上的突破。所以，找准研发时机，进行集中攻关，采用精益创业的方式快速迭代，才有助于中小企业找到新的增长极。像苹果的择机推出就是瓜熟蒂落的典型代表；或者如段永平所说，通过"敢为天下后"的研发策略，在市场培育起来后再花重金形成自己的特色，也可以在一定程度上规避技术和市场风险，助力企业取得成功。

|案例笔记|

- 鼓励员工在岗位上创新创业，并尊重他们的知识产权。
- 建好单位知识产权手册，签订好保密协议，建设一种保护知识产权的文化。
- 强化实践，要善于运用知识产权推动传统优势产业转型升级和新兴产业、未来产业发展。

■作为世界第二大经济体，我国不但需要整体知识产权能力的提高，还需要在关键核心技术的创新、保护和管理上切实提高能力，特别要注意从知识产权方面突破"卡脖子"技术的限制和掣肘。这就需要中小企业加大研发力度，运用创新提高竞争力。

■企业知识产权能力和水平在一定程度上决定着国家知识产权能力和水平。作为国家发展战略性资源和国际竞争力核心要素的知识产权，其创造、运营和管理应主要由作为市场主体的企业来完成，让市场主体成为知识产权主体，而知识产权保护和服务则应由政府作为，即政府做知识产权政策和法律规则的制定者与市场监管者以及公共服务平台的支持者。

任务一　购买还是研发?

任务分析

对于企业所需要的技术、专利、商标等无形资产，是依靠企业自身力量通过投入资金、人力、物力和时间取得，还是直接从外部购入，不同途径各会有哪些支出，对企业的核心竞争力会有什么不同的影响，中小企业经营者都需要在做出决策之前进行认真比对。通过任务一的学习以及对知识产权相关法律、法规的查询和自学，应该达到以下要求：

第一，能够分析外购和自主研发的主要成本构成；

第二，分析不同途径取得无形资产对企业核心技术和市场竞争力的影响；

第三，熟悉知识产权保护策略，学会保护企业的知识产权。

相关知识

一、购入无形资产和自主研发的费用支出

对于企业发展所需要的技术、专利、商标权等无形资产，可以通过外购、合作开发和自主研发等途径得到，其中自主研发的方式最有利于企业核心竞争力的建立，外购的方式需要中小企业经营者能够对技术等无形资产的先进性、实用性做出准确判断，合作开发的方式则可以缩短技术等的研发及投入使用前的时间。

（一）外购无形资产的支出

外购无形资产的成本包括：购买价款、相关税费和相关的其他支出（含

相关的借款费用）。

其中：相关税费指购买无形资产过程中发生的直接相关税费，如专利权的注册费等。

其他支出是指使用无形资产过程中发生的专业测试费、使用借款购买无形资产应负担的借款费用。

相关的借款费用是指中小企业在购买无形资产过程中使用了借款，因该借款发生的利息、手续费等相关支出。

企业外购的专利权可以作为无形资产管理，外购的商标权一次性支出费用较大的，也可以作为无形资产管理。

（二）自主研发的费用项目

自主研发的无形资产支出包括：开发无形资产耗用的材料，使用固定资产的折旧费，参与开发人员的薪酬，使用无形资产的摊销，资本化的借款费用，以及为使无形资产达到预定用途前发生的其他直接相关支出。

其中，参与开发人员的薪酬包括企业科技人员的工资、薪金和相应的"五险一金"，以及外聘科技人员的劳务费用。

资本化的借款费用指企业为研发无形资产借入的款项，在研发期间发生的借款费用，可以计入无形资产的价值，在以后使用的过程中分期摊销计入使用当期的费用。

为使无形资产达到预定用途前发生的其他直接相关支出包括：固定资产折旧费用与长期待摊费用、无形资产摊销费用、设计费用、设备调试与实验费用、委外研发费用及其他费用等。

自主研发发生的费用支出详见任务二。

企业自主研发并按照法律程序申请取得的专利，可以作为无形资产管理；自创的商标并将其注册登记，所花费的费用不大的，可以不作为无形资产管理。

二、对核心技术和市场占有率的影响

（一）外购无形资产对核心技术和市场的影响

外购无形资产需要的时间较短，成本也不一定比自主开发高，而且能够帮助企业迅速取得所需技术，尽快占领市场。

但是，外购无形资产首先需要市场上有企业所需的技术；其次，对外购的无形资产可能还需要一定的时间消化吸收，甚至对所购的无形资产进行二次开发；最后，中小企业可能难以得到外购无形资产最核心的技术，不利于中小企业以此为基础形成核心的竞争力。

（二）自主研发无形资产

自主研发无形资产对中小企业核心技术和市场的影响和外购刚好相反。

微课 7-1
知识产权保护

　　自主研发无形资产往往需要投入较长的时间和大量的人力、财力、物力，影响中小企业对市场的占领时机，甚至可能等自主研发完成时，与该技术对应的产品或服务已经进入成熟期或者衰退期，使研发的无形资产失去应有的价值。

　　但是，自主研发无形资产却可以保证中小企业对核心技术的绝对控制权，在技术进步时也能够尽快更新换代、保持先进性，提高竞争者的模仿难度，帮助中小企业形成核心竞争力。

三、知识产权保护

　　很多企业因没有充分认识到知识产权的价值，未将其作为整体成功计划的一部分，也未能准确识别企业的知识产权，没有采取法律手段保护知识产权，甚至无意中侵犯到他人的知识产权，给自己也给别人造成不应有的损失。

　　（一）不同知识产权的保护时间

　　按照我国法律的规定，发明专利权的保护期为二十年，实用新型和外观设计专利的保护期为十年，著作权保护期为作者有生之年及其死后五十年，注册商标的有效期为十年（自核准注册之日起计算），有效期满需要继续使用的可以申请续展注册（每次续展注册的有效期为十年）。

　　（二）企业主要的知识产权及其保护措施

　　企业应按照相关法律、法规的规定，保护好自己的知识产权，同时充分尊重他人的知识产权。企业各部门典型的知识产权及其保护方法见表7-1。

表7-1　　　　　　　企业各部门典型的知识产权及其保护方法

部门	典型的知识产权形式	保护方法
营销部门	名称、标语、标识、广告语、广告、手册、非正式出版物、未完成的广告拷贝、顾客名单、潜在顾客名单及类似信息	商标、版权和商业秘密
管理部门	招聘手册、员工手册、招聘人员在选择和聘用候选人时使用的表格和清单、书面的培训材料和企业的时事通讯	版权和商业秘密
财务部门	各类描述企业财务绩效的合同、幻灯片，解释企业如何管理财务的书面材料，员工薪酬记录	版权和商业秘密
管理信息系统	网站设计、互联网域名、公司特有的计算机设备和软件的培训手册、计算机源代码、电子邮件名单	版权、商业秘密和注册互联网域名
研究开发部门	新的和有用的发明与商业流程、现有发明和流程的改进、记录发明日期和不同项目进展计划的实验室备忘录	专利和商业秘密

需要提醒的是，对于那些与竞争优势直接相关的且具有市场价值的知识产权，一定要及时将其纳入知识产权保护的范畴。

（三）知识产权保护策略

做好知识产权保护，需要企业从以下方面入手：

1.重视知识产权成果和知识产权。

尽量不要在获得知识产权之前，通过媒体公开宣传自己的知识产权成果，这样反而会使其他企业抢先申请知识产权授权，使自己失去获得知识产权授权的机会，而且即便获得了知识产权授权，也可能因为其他企业抢先使用了相应的知识产权成果，使自己被知识产权管理机关撤销授权。

2.维护自身权益的时候也要考虑维权的比较利益。

在发现其他企业侵犯了自己的知识产权，用法律的手段维护自身经济利益的同时，也会付出相应的经济代价，比如获得相应证据的成本、与对方谈判的成本、采取法律行动的成本、追溯对方赔偿的成本以及发生这些成本的机会损失。而大部分企业往往缺乏保护自己知识产权的人力、财力、物力，如此被侵权者就不得不在"维权的代价"和"可追索的利益"之间进行权衡。

3.用好知识产权保护，确保企业获得长期利益。

企业要有效保护自己的知识产权，就应该尽快将自己的知识产权成果转化为产品，并尽快投放到市场上，变产品为商品，进而从市场上获取更多利润。

4.相机采用防御战略或进取战略。

为防止其他企业恶意侵权和勒索，就要采用防御战略；而针对竞争者和拟进入的市场，则要采用进取战略；同时还要系统地考虑适度、适时申请知识产权保护，对于那些预期得不到授权的知识性成果，可以以技术秘密的方式加以保护，这样可能更为有效；应千方百计避免出现侵犯他人知识产权的问题；通过研究国内外的知识产权制度，建立企业内部的知识产权管理组织。

任务实施

通过对相关知识的学习和对相应法律、法规的查询和了解，并结合被调查企业研发情况和知识产权保护的调查资料，完成以下任务：

一、分析外购和自主研发无形资产的主要成本构成。

（一）外购无形资产的主要成本。

（二）自主研发无形资产的主要成本。

二、分析不同途径取得无形资产对企业核心技术和市场竞争力的影响。

（一）外购无形资产。

（二）自主研发无形资产。

三、将企业主要知识产权的保护方法填写在表7-2中。

表7-2　　　　　　　　　　企业主要知识产权的保护方法

部门	典型的知识产权形式	保护方法
营销部门	名称、标语、标识、广告语、广告、手册、非正式出版物、未完成的广告拷贝、顾客名单、潜在顾客名单及类似信息	
管理部门	招聘手册、员工手册、招聘人员在选择和聘用候选人时使用的表格和清单、书面的培训材料和企业的时事通讯	
财务部门	各类描述企业财务绩效的合同、幻灯片，解释企业如何管理财务的书面材料，员工薪酬记录	
管理信息系统	网站设计、互联网域名、公司特有的计算机设备和软件的培训手册、计算机源代码、电子邮件名单	
研究开发部门	新的和有用的发明与商业流程、现有发明和流程的改进、记录发明日期和不同项目进展计划的实验室备忘录	

四、请梳理企业主要的知识产权保护策略，写在下面空白处。

五、被调查企业有哪些知识产权？他们是如何保护的？对你有什么启发？

任务二　如何计量研发费用？

任务分析

　　如果企业通过外购和自主研发的分析，最终决定自主研发所需的关键技术等无形资产，则需要对发生的相关支出进行计量，以便按照法律法规的规定正确计算无形资产的成本；在对国家支持政策进行研究的基础上享受应有的政策优惠。所以，在学习这部分之后，应该达到以下要求：

　　第一，可以对研发费用进行合理分类，按照规定计算研发支出，确定无形资产的价值；

　　第二，熟悉研发过程中财税事项的规定和相应的优惠政策。

相关知识

一、研发费用的分类和内容

　　自行研究开发项目，可以分研究阶段与开发阶段。和其他企业合作开发的情况在此一并阐述，不再单独讨论。

　　1.研究阶段

　　研究是指为获取新的技术和知识等进行的有计划的调查。研究活动的例子包括：意于获取知识而进行的替代品的研究，以及新的或经改进的材料、设备、产品、工序、系统或服务的配置、设计、评价和最终选择。

2.开发阶段

开发是指在进行商业性生产或使用前，将研究成果或其他知识应用于某项计划或设计，以生产出新的或具有实质性改进的材料、装置、产品等。开发活动的例子包括：生产前或使用前的原型和模型的设计、建造和测试，含新技术的工具、夹具、模具和冲模的设计，不具有商业性生产经济规模的试生产设施的设计、建造和运营，新的或改造的材料、设备、产品、工序、系统或服务所选定的替代品的设计、建造和测试等。

3.自主研发的费用支出

自主研发无形资产，一般会有如下项目的支出：

（1）人工费用。其包括企业科技人员的工资薪金、基本养老保险费、基本医疗保险费、失业保险费、工伤保险费、生育保险费和住房公积金，以及外聘科技人员的劳务费用。

（2）直接投入费用。其是指企业为实施研究开发活动而实际发生的相关支出，包括：直接消耗的材料、燃料和动力费用；用于中间试验和产品试制的模具、工艺装备开发及制造费，不构成固定资产的样品、样机及一般测试手段购置费，试制产品的检验费；用于研究开发活动的仪器、设备的运行维护、调整、检验、检测、维修等费用，以及通过经营租赁方式租入的用于研发活动的固定资产租赁费等。

（3）固定资产折旧费用与长期待摊费用。固定资产折旧费用是指用于研究开发活动的仪器、设备和在用建筑物的折旧费。长期待摊费用是指研发设施的改建、改装、装修和修理过程中发生的长期待摊费用。

（4）无形资产摊销费用。其是指用于研究开发活动的软件、知识产权、非专利技术（专有技术、许可证、设计和计算方法等）的摊销费用。

（5）设计费用。其是为新产品和新工艺进行构思、开发和制造，进行工序、技术规范、规程制定、操作特性方面的设计等发生的费用，包括为获得创新性、创意性、突破性产品进行的创意设计活动发生的相关费用。

（6）装备调试费用与试验费用。装备调试费用是指装备准备过程中研究开发活动所发生的费用，包括研制特殊、专用的生产机器，改变生产和质量控制程序，或制定新方法及标准等活动所发生的费用。试验费用包括新药研制的临床试验费、勘探开发技术的现场试验费、田间试验费等。

（7）委托外部研究开发费用。其是指企业委托境内外其他机构或个人进行研究开发活动所发生的费用（研究其开发活动成果为中小企业拥有，且与该企业的主要经营业务紧密相关）。

（8）其他费用。其是指除上述费用外与研究开发活动直接相关的其他费用，包括技术图书资料费、资料翻译费、专家咨询费、高新科技研发保险费，研发成果的检索、论证、评审、鉴定、验收费用，知识产权的申请费、注册费、代理费，会议费、差旅费、通信费等。

4.无形资产价值的确定

研究阶段发生的支出，在发生时全部计入当期费用。

开发阶段发生的支出，符合资本化条件的计入无形资产的价值，不符合资本化条件的直接计入当期费用。

自行开发无形资产发生的支出，同时满足下列条件的，才能确认为无形资产：

①完成该无形资产以使其能够使用或出售在技术上具有可行性；

②具有完成该无形资产并使用或出售的意图；

③能够证明运用该无形资产生产的产品存在市场或无形资产自身存在市场，无形资产将在内部使用的，应当证明其有用性；

④有足够的技术、财务资源和其他资源支持，以完成该无形资产的开发，并有能力使用或出售该无形资产；

⑤归属于该无形资产开发阶段的支出能够可靠地计量。

可见，自行开发无形资产的价值，由符合资本化条件后至达到预定用途前发生的支出构成。其包括开发无形资产耗用的材料，使用固定资产的折旧费，参与开发人员的职工薪酬，使用无形资产的摊销，资本化的借款费用，以及为使无形资产达到预定用途前发生的其他直接相关支出（如注册费、律师费等）。

企业自主研发无形资产，无法区分研究阶段和开发阶段支出的，应当在发生时费用化，计入当期损益（管理费用）。

例 7.1

A创业公司20×2年年初自主立项、自行研发一项新技术，项目名称为××研究，项目编号为RD1，为该年度唯一研发项目，当年的1—3月为新技术的研究阶段，4—12月为新技术的开发阶段，并于12月底申请到专利交付使用，且开发阶段支出均满足资本化条件。项目当年发生的支出如下：

支付在职直接从事研发的人员工资合计800 000元（其中研究阶段为200 000元），耗用原材料200 000元、燃料100 000元（其中研究阶段分别为80 000元和30 000元），研究阶段支付用于研发的设备运行维护费1 000元、模具制造费20 000元，租赁专用于研发的设备一台，每月租金5 000元、租期一年，用于RD1项目的无形资产摊销费合计60 000元，3月份购买项目所需图书资料费5 000元、资料翻译费1 000元，研发试制产品的检验费2 000元，RD1验收时支付评估验收费10 000元、专利注册费5 000元。

　　要求：计算RD1的研究开发费用，确定该项无形资产的价值。

　　解：RD1的研究开发费用需要区分研究阶段和开发阶段分别计算。

　　研究费用为1—3月份研究阶段的支出：

200 000+80 000+30 000+1 000+20 000+5 000×3+60 000÷12×3+5 000+1 000=367 000（元）

　　开发费用为4—12月份开发阶段的支出，以及申请专利的花费：

600 000+120 000+70 000+5 000×9+60 000÷12×9+2 000+10 000+5 000=897 000（元）

二、研发过程的财税事项

企业开展研发活动的过程中实际发生的研发费用，未形成无形资产计入当期损益的，在按规定据实扣除的基础上可以加计扣除；形成无形资产的可以加计摊销。

（一）研发费用扣除的一般规定

会计核算健全、实行查账征收并能够准确归集研发费用的居民企业，开展研发活动时实际发生的研发费用，未形成无形资产计入当期损益的，在按规定据实扣除的基础上，按照本年度实际发生额的75%，从本年度应纳税所得额中扣除；企业开展研发活动时实际发生的研发费用形成无形资产的，按照无形资产成本的175%在税前摊销。制造业企业开展研发活动时实际发生的研发费用，未形成无形资产计入当期损益的，在按规定据实扣除的基础上，自2021年1月1日起，再按照实际发生额的100%在税前加计扣除；形成无形资产的，自2021年1月1日起，按照无形资产成本的200%在税前摊销。

具体应用时应关注以下要求：

第一，企业应按照财务会计制度的要求，对研发支出进行会计处理；同时，对享受加计扣除的研发费用按研发项目设置辅助账，准确归集核算当年可加计扣除的各项研发费用实际发生额。企业在一个纳税年度内进行多项研发活动的，应按照不同研发项目分别归集可加计扣除的研发费用。

第二，企业应对研发费用和生产经营费用分别核算，准确、合理归集各项费用支出，对划分不清的，不得实行加计扣除。

第三，企业委托外部机构或个人开展研发活动所发生的费用，按照费用实际发生额的80%计入委托方研发费用并计算加计扣除，受托方不得再进行加计扣除。委托外部研究开发费用实际发生额应按照独立交易原则确定。委托方与受托方存在关联关系的，受托方应向委托方提供研发项目费用支出明细情况。

第四，企业委托境外机构或个人开展研发活动所发生的费用，不得加计扣除。

第五，企业共同合作开发的项目，由合作各方就自身实际承担的研发费用分别计算加计扣除。

第六，企业为获得创新性、创意性、突破性的产品进行创意设计活动而发生的相关费用，可按照规定进行税前加计扣除。

（二）科技型中小企业研发费用的扣除规定

科技型中小企业开展研发活动时实际发生的研发费用，在2017年1月1日至2021年12月31日期间：未形成无形资产计入当期损益的，在按规定据实扣除的基础上，再按照实际发生额的75%在税前加计扣除；形成无形资产的，按照无形资产成本的175%在税前摊销。2022年将上述比例进一步提高，对计入当期损益的研发费用加计扣除比例提高到100%，形成无形资产的摊销成本允许按照200%在税前扣除。

（三）无形资产摊销的财税规定

无形资产摊销计入企业费用，可以抵减应纳税所得额，所以，应该按照有关规定确定摊销期限。

无形资产按照直线法进行摊销，除土地以外的无形资产摊销年限不得低于10年。

从外部取得的无形资产，法律和合同或者企业申请书没有规定使用年限的，或者企业自行开发的无形资产，摊销期限不得少于10年；纳税人自行研制无形资产发生的费用，凡在发生时已经作为研究开发费用直接扣除的，该项无形资产使用时不得再分期摊销；企业享受了技术开发费用优惠政策，技术开发费用已作为研究开发费用直接扣除的，其研发成果可作为无形资产管理，但在申报纳税时不得再摊销其费用。

任务实施

本部分内容很多是法律、法规的直接规定，要求学生熟悉这些规定，在实际工作中可以在遵循相应法律、法规的基础上，进行正确的财税处理。学生应该在熟悉以上内容的基础上，结合对被投资企业调查资料的整理，回答下面问题：

拓展阅读7-1
研发费用知识
扩展

一、研发费用支出项目包括的内容。

二、研发支出资本化的条件。

三、费用化的研发支出加计扣除的规定。

（一）一般规定。

（二）科技型中小企业的规定。

四、无形资产摊销期限的规定。

五、被调查企业对于研发费用是如何进行处理的？

考核评价

　　本项目的内容以知识陈述和法律法规的规定居多，主要是知识点的考核，同时可以结合对企业的调查检查对所学内容的掌握情况，完成表 7-3。

表7-3 研发过程的财税事项学习考核评价表

考核内容		分值（分）	得分
知识点掌握程度 80分	外购/研发的成本项目	10	
	不同途径无形资产对企业发展的影响	10	
	知识产权保护策略	20	
	自主研发的费用项目	20	
	资本化的规定	5	
	费用的加计扣除规定	10	
	无形资产摊销期限的规定	5	
知识运用20分	结合被调查企业情况谈谈对知识产权保护的理解	20	
合　　计		100	

思考与练习

1.企业通过外购或自主研发取得的知识产权对企业的竞争力会有什么影响？最好举例说明。

2.自主研发时发生的支出何时可以资本化？什么情况下只能计入当期费用？

3.取得知识产权的支出如何进行加计扣除？国家为什么规定让企业加计扣除？

4.你觉得知识产权的保护重要吗？怎样才能更好地做好知识产权的保护呢？

项目八　投资过程的财税管理

项目目标

投资活动是一家企业最重要的财务活动，对于中小企业更是如此。企业只有将筹集到的资金在不同资产之间进行合理配置，才能在控制风险的基础上发展；只有将配置到非流动资产上的资金投资到能够产生价值的项目上，才有可能取得可持续发展，为经营者带来价值增加，实现财务管理目标。所以，在投资过程中，中小企业要厘清流动资产的主要项目及其管理办法，还需要掌握投资项目现金流量的计算方法、时间价值的基本原理，以及投资决策指标的计算及决策方法。在本项目学习过程中，除了要掌握书上的知识性内容之外，还需要通过对中小企业的调查，了解实际工作中资产的管理方法，能够用理论指导实践，更好地做好中小企业的资产管理。

学完本部分之后，应该：

第一，熟悉企业流动资产的主要构成和重要流动资产的管理方法；

第二，掌握项目投资现金流量和决策指标的计算方法；

第三，熟练运用货币时间价值工具处理日常工作；

第四，知晓与流动资产和固定资产有关的财税规定。

项目任务

小李在读研期间参与了老师的科研项目，取得了一定的科研成果，成为某国家专利的署名人之一。毕业时，小李想将自己的研究成果进一步转化，以便将其投入市场变成产品，给更多人带来方便。但是，小李又不想将科研成果转让给他人，而是希望以创办一家企业的方式，亲自将科研成果进行转化。可是，小李不知道如果真的创办一家企业的话，如何将筹集到的资金进行配置，要自己建工厂将大量资金压在项目上吗？还是创办一家轻资产的企业，只提供技术服务和产品的售后服务，将产品生产的工作通过OEM代工的方式交给他人去做？该将多少资金投放在流动资产上，对于投入的流动资金又该如何管理呢？还有，该项目值不值得投资呢，可以根据什么指标进行判断？在资产配置过程中会涉及哪些财税方面的法律规定呢？他可一直是个守法的公民呢。小李找了很多人咨询，也想请你帮忙回答他的疑问。所以，在本项目学习过程中，希望你可以帮助小李解决以下难题：

第一，企业的流动资产包括哪些种类？不同的流动资产该如何管理？

第二，项目是否值得投资应该如何判断？

第三，在资产投资过程中都涉及哪些财税事项？如何做到守法经营？

┊导引案例┊

聚美优品：化妆品跨境电商的得与失

聚美优品是一家化妆品限时特卖商城，其前身为团美网，由陈欧、戴雨森等创立于2010年3月。聚美优品首创"化妆品团购"模式：每天在网站推荐十几款热门化妆品。2010年9月，团美网正式全面启用聚美优品新品牌，并且启用全新顶级域名。聚美优品作为首家化妆品电商一直坚持以用户体验为核心，开创了官方旗舰店入驻的形式，先后吸引了欧莱雅（L'ORÉAL）、高丝、资生堂（SHISEIDO）、谜尚等国际知名美妆大牌的抢先入驻，通过平台式整合，迎来了新一轮的急速扩张，并于2014年5月16日晚在纽交所正式挂牌上市，成为中国首个赴美上市的垂直化妆品电商。

1. 假货风波，产品品质受质疑

2014年，随着聚美、京东、阿里的先后上市，中国电商市场已经被放在了显微镜之下。而曾经一直困扰着各大电商平台的假货问题，成为悬在各家上市公司头上的达摩克利斯之剑。

2014年7月底，一个名为"祥鹏恒业商贸有限公司"的供应商被曝向几乎所有的知名电商供应的奢侈品均为假货，而聚美优品也是祥鹏恒业涉及的电商平台之一。

尽管陈欧很快出面强调"假货风波，只是聚美的第三方业务，而非核心化妆品业务线"，但资本市场对陈欧的回应并不买账，祥鹏恒业事件曝光后，聚美优品股价一路下跌，4个月内缩水6成，并接连遭遇多家美国律所起诉。

对聚美优品而言，不幸的消息是奢侈品"售假门"风波的后遗症尚未完全消失，自家核心化妆品业务线很快也被拖下水。有自称聚美海外业务的员工发邮件爆料，聚美涉嫌采购海外来路不明的甚至是假冒的化妆品。聚美位于北京的货仓被查，海外业务孙姓总监以及两名业务人员被带走调查。虽然陈欧对此迅速发布图文并茂的长微博辟谣，但消费者对聚美优品化妆品货源的疑惑并没有就此消散。

2. 转型自营，业绩大幅滑坡

聚美优品上市后即进行重要业务转型，砍掉第三方平台上的奢侈品业务，并将第三方平台美妆业务全部转为入库自营。但"断臂"平台业务转向直营模式，将盈利模式从服务费转向了采销差价带来的直接影响是，此前在业绩上一路高歌的聚美优品不得不面对转型带来的业绩下滑。

在截至2015年9月30日的第三季度，聚美优品净亏损达8 690万元（约1 367万美元），是自2014年第一季度以来聚美优品首次亏损。2015年12月，聚美优品股票再度开启"跌跌不休"模式。这一次，陈欧在平静面对暴跌3个月之后，于2016年2月以股价被严重低估为由出手决定启动私有化，

以7美元一股的价格提出私有化方案，却引发了众多小股东的发难。私有化进程受阻，之后聚美优品的股价继续下行。

2016年4月，聚美优品发布公告，宣布联席CFO高孟、郑云生同时离职。2017年7月底，聚美优品宣布，公司联合创始人、产品副总裁戴雨森因个人原因辞职。

3. 应对市场竞争，多方跨界经营

尴尬的现实是，曾经凭借美妆这个细分市场异军突起的聚美优品在京东等综合电商加大在这一领域的布局力度之后，重度垂直的市场份额很难承受住资本市场对它的高期望，特别是电商集体布局跨境电商之后，聚美优品的优势领域美妆已经成了各家巨头的必争之地。随着流量红利的消失，互联网上的流量成本越来越高，电商零售的经营成本逐年上升，品类单一的垂直电商原本黏性不足的劣势更加凸显。

在聚美优品的主业电商迟迟不见起色之后，陈欧开始频频跨界。2016年年初宣布进军影视文化业成立聚美影视，其总投资8 400万元的电视剧《温暖的弦》于2018年4月30日在湖南卫视、腾讯视频同步播放，实现盈利。陈欧还切入智能家居领域，推出"REEMAKES睿质"空气净化器。2017年5月，陈欧又进军共享经济领域，宣布以3亿元现金投资共享充电宝街电，却被王思聪在朋友圈怒怼："共享充电宝要是能成我吃翔，立帖为证。"不论是影视业、空气净化器，还是共享充电宝，都与其老本行美妆电商渐行渐远。如此频繁地更换跑道也给陈欧带来不少质疑声。2017年聚美优品全年亏损3 700万元，2018年1—6月，聚美优品营收总计为24亿元，归属于聚美优品普通股股东的净利润为6.733亿元（约合1.017亿美元），同比增长560%。

作为网红CEO，陈欧曾经发一条微博，就能给聚美优品带来上千万元的销售额。但当"创业偶像""为自己代言"的网红光环褪去之后，留给陈欧的恐怕是如何带领聚美优品活得更久、更好的难题。

资料来源：王艳茹. 创新创业教程［M］. 北京：中国铁道出版社，2020：115-117.

案例解析：

投资是中小企业的生命线，会决定其未来的发展战略和盈利水平。中小企业由于规模小、资金少，往往只能做相关多元化投资，和其他业务共享有限的资源。对投资项目更应该精挑细选，不蹭热点，而是靠提供的产品品质取胜，从供给侧方面履行好企业的社会责任。

|案例笔记|

■选好投资项目，推动创新成果顺利转化，为社会提供更多就业机会。

■中小企业应进行相关多元化投资，聚焦主业发展，控制经营风险。

■利用赢家光环效应，助力投资成功。中小企业如果能得到业界成功企

业或人士的认同，将对其资源整合有所推动。

■把握好投资节奏和规模，控制好企业的现金流，保证企业资金链畅通是中小企业可持续发展的基础。

■聚焦主业的同时，投资于报酬率高于资金成本的项目，增强造血功能，有助于中小企业稳步发展壮大。

任务一　如何进行流动资产投资？

任务分析

流动资产是企业的重要资产，在很多行业的企业中占有非常重要的地位，尤其是流通企业、制造企业等。流动资产的流动性强，风险较小，但是收益性也较低。如何合理配置流动资产的比例，在收益性和流动性之间进行平衡，是所有企业都要认真考虑的问题，尤其是中小企业，在经营风险较大的情况下，保证资产的流动性更加重要。所以，通过本部分的学习，应该达到以下目标：

第一，了解企业流动资产的主要内容；

第二，熟悉资金管理的方法和技巧；

第三，掌握存货成本的构成和决策方法；

第四，了解应收账款和存货的财税处理规定。

相关知识

企业的资产按照流动性可分为流动资产和非流动资产。流动性是指非现金资产不受损失地变为现金资产的属性。本部分讲述流动资产投资，下一部分讲授非流动资产投资。

一、流动资产投资的主要内容

流动资产指满足下列条件之一的资产：预计在一个正常营业周期中变现、出售或耗用；主要为交易目的而持有；预计在资产负债表日起一年内（含一年，下同）变现；自资产负债表日起一年内，交换其他资产或清偿负债的能力不受限制的现金或现金等价物。

正常营业周期，是指企业从购买用于加工的资产起至销售货物并收回货款为止的这段时间。正常营业周期通常短于一年。因生产周期较长等导致正常营业周期长于一年的，尽管相关资产往往超过一年才变现、出售或耗用，仍应当划分为流动资产。正常营业周期不能确定的，应当以一年（12个月）作为正常营业周期。

流动资产主要包括库存现金、银行存款、应收账款和存货等。流动资产投资的主要内容是确定应该有多少资源被占用在库存现金和银行存款等货币资金上，又该有多少资金占用在应收账款和存货上；流动资产的投资决策就是流动资产构成内容的配置决策。

库存现金和银行存款是企业拥有的货币资金，应收账款只要收回就可以变成货币资金，是变现力最强的流动资产，将其放在资金管理中一起讲述。

二、资金管理的方法和技巧

流动资产投资决策首先就是要确定最优的资金持有数量，根据资金使用的主要途径及使用方法，寻找资金管理的规律，充分利用现金浮游量，做好资金的日常控制；其次就是要加速收款、延缓付款，减少应收账款上的资金占用，加快资金周转等。

（一）做好资金持有数量的决策

为了满足企业交易性需要、预防性需要和投机性需要，企业需要置存一定数量的现金。交易性需要是满足日常业务的现金支付需要；预防性需要指企业置存现金的原因是防止发生意外支付的需要；投机性需要是指企业置存现金用于不寻常购买机会的需要，如遇有廉价原材料或其他资产供应的机会，便可以使用手头现金大量购入。

现金持有量的计算方法有成本分析模式、存货模式和随机模式三种。

成本分析模式是通过分析现金的持有成本，寻找持有成本最低的现金持有量。现金持有成本包括机会成本、管理成本和短缺成本。机会成本是持有现金而未将其用于生产经营而失去的收益；管理成本是由于持有现金而发生的管理费用，如管理人员工资、安全措施费用等；短缺成本是因缺乏资金，不能应付业务开支所需，使企业蒙受损失或为此付出的代价。成本分析模式需要预计不同现金持有量对应的各种成本的金额，工作量较大。

如果企业平时只持有较少的现金，在有现金需要时通过出售有价证券换回现金，便既能满足现金的需要，避免短缺成本，又能减少机会成本。因此，现金和证券之间的转换，是企业提高资金使用效率的有效途径。运用这种方法确定现金持有量的模式就是存货模式。这种模式下的最佳现金持有量，是持有现金的机会成本与证券变现的交易成本相等时的现金持有量。存货模型是一种简单、直观的模型；但它假设现金流出量稳定不变，即每次转换数量一定，不存在淡旺季现金需求量变动的影响。

随机模式是在现金需求难以预知的情况下确定现金持有量的方法。中小企业通过参考同行业其他企业的相关数据和需求预测，预算出一个现金持有量的控制范围，制定出现金持有量的上限和下限。争取将企业现金持有量控制在这个范围之内。当余额达到上限时，用现金购入有价证券，使现金持有量下降；当现金降至下限时，将有价证券出售转换成现金，使现金持有量回升。若现金数量在控制的上下限之内，便不必进行现金和有价证券的转换，保持它们各自的现有存量。在企业未来现金流量呈不规则波动、无法准确预测的情况下，这个模式比较适用。

对中小企业来说，因为其未来的现金流量状况较难预测，因此，随机模式是一种不错的确定现金最佳持有量的方法。

例 8.1

企业现金余额的标准差为 1 000 元，现金和有价证券的转换成本为 80 元/次，有价证券投资的日利率为 0.01%，企业最低的现金持有量为 1 500 元。计算最佳现金持有量和现金持有上限。如果企业的现金余额为 10 000 元和 200 元，应该如何处理？

分析：按照随机模式，最佳现金持有量和现金持有上限计算如下：

$$Z^* = L + \sqrt[3]{\frac{3b\sigma^2}{4r}} = 1\ 500 + \sqrt[3]{\frac{3 \times 80 \times 1\ 000^2}{4 \times 0.01\%}} = 1\ 500 + 8\ 434 = 9\ 934（元）$$

现金持有上限=3×9 934−2×1 500=26 802（元）

当现金余额为 10 000 元时，因位于现金持有上下限之间，不用进行任何操作；当现金余额为 200 元时，因为低于现金持有的下限，需要出售有价证券 9 734 元，使现金持有量回归到最佳现金持有量 9 934 元。

（二）充分利用资金浮游量

我国现金管理制度规定，除特定情形可以使用现金结算外，单位之间的货币结算都需要通过银行转账进行。按照《票据法》的规定，"持票人应当自出票日起 10 日内提示付款"，这就意味着企业开出的支票，其有效期是 10 日。从支票开出之后到款项从企业的银行账户内划走前，依然存于企业账户上的资金构成"资金浮游量"。假如某企业支付原材料货款时，支票的签发和寄交供应商需要 3 天，供应商内部处理要 2 天，银行间办理清算要 1 天，则支出浮游总天数为 6 天。在这 6 天的时间里，企业完全可以对这部分资金进行合理的使用。对资金极为缺乏和紧张的广大中小企业来说，合理进行资金浮游量的管理不但可以产生一定收益，关键的时候还可以解企业的燃眉之急。因此，中小企业应合理预测现金浮游量，有效利用时间差，提高现金的使用效率。

（三）做好应收账款管理

应收账款是赊销过程中形成的客户对企业的欠款。应收账款占用了企业可投资于其他项目的资金，形成一定的机会成本[①]，对应收账款的管理会带来管理成本[②]，如果应收账款因故不能收回发生损失又会形成坏账成本[③]。所以，加强应收账款管理，尽快收回货款，可以减少客户对企业资金的免费占用，降低应收账款的资金成本。

加强应收账款管理，需要经营者建立有效的应收账款管理体系，主要包括以下内容：经营者应进行行业付款习惯分析，了解所在行业的销售及收款习惯，合理确定企业的信用期；在提供任何产品或服务之前了解主要客户的信用情况，对客户的信用信息进行调查和评估，只选择符合企业标准的客户进行赊销；对于没有信用记录的客户，可在接受其订单时要求支付等同于销货成本的款项；在商品装运或服务提供的同一天寄出发票，并将付款条件用黑体字突出显示；日常加强应收账款的收款工作，每周对逾期30天以上的客户账户进行审阅和管理等。

三、存货的投资管理

存货是企业在正常生产经营过程中持有以备出售的产成品或商品，或仍然处于生产过程中的产品，或在生产过程或提供劳务过程中将要消耗的材料物资等。存货是企业流动资产中数量最多，也往往是占用流动资金最多的一项，尤其对制造企业来说，50%的流动资金会占用在存货上，存货还是流动性较差的流动资产。

企业置留存货的原因一方面是为了保证生产或销售的经营需要，另一方面是出自价格的考虑，零购物资的价格往往较高，而整批购买在价格上会有优惠。但是，过多存货要占用较多资金，并且会增加包括仓储费、保险费、维护费、管理人员工资在内的各项开支，因此，存货投资管理的目标就是尽力在各种成本与存货效益之间做出权衡，达到两者的最佳结合。

微课8-1
存货的投资
管理

（一）存货的成本构成

存货成本除了包括其购置成本（单价×数量）外，还包括采购成本和储存成本。

采购成本是企业在订购商品、材料过程中发生的处理和验收成本，如常设采购机构的管理费、采购人员的工资，以及采购需要支出的邮资、差旅费等；储存成本是存货在储存过程中发生的成本，如仓库折旧费、仓库职工工资，以及存货的保险费、残损和变质损失、存货占用资金的应计利息等。如

[①] 因持有应收账款而非现金造成的不能投资于其他机会所可能丧失的潜在收益。
[②] 回收应收账款可能发生的各种支出，如索要应收账款发生的相应电话费、人员费、诉讼费等。
[③] 应收账款不能收回造成的损失。

果企业的存货过少，在销售或者消耗超出预期的情况下还可能发生短缺成本，使企业不得不停工待料或者丧失潜在的销售收益。因此，企业要在了解存货成本构成的基础上，在各种成本及存货的收益之间进行决策，确定合理的存货采购数量，尽可能降低持有存货的总成本。

（二）合理确定存货的采购数量

确定存货采购数量的方法最常用的是经济订货批量法。经济订货批量是使存货总成本最低的每次最佳订货的数量。

1.基本经济订货批量

经济订货批量是在一系列假设之下确定的，能够使存货的相关总成本达到最低点的进货数量。如果存货能够随时补充，可以集中一次到达且均匀耗用，存货的市场供应充足且不存在缺货的情况，企业对存货全年的需求稳定且能预测，存货的采购单价不变且无折扣，而且企业现金充足的话，存货的经济订货批量及其相应的总成本可以计算如下：

$$Q^* = \sqrt{\frac{2KD}{K_c}}$$

其中：Q^*为经济订货批量；

     K为每次订货的变动成本，如每次订货的邮资、差旅费、货物的运输费、保险费以及装卸费等；

     D为存货的全年需要量；

     K_c为单位储存成本；

     TC为总成本。

经济订货批量模型是目前大多数企业最常采用的确定货物订购方式的模型。除以上假设外，还假定在库存消耗至零时才发出订单。

经济订货批量模型如图8-1所示。

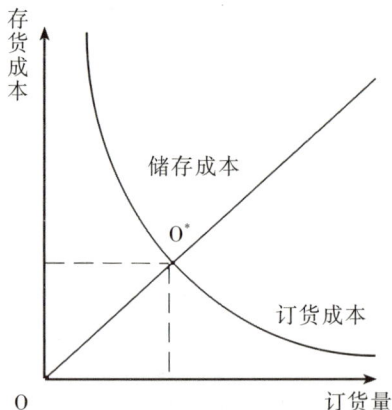

图8-1　存货经济订货批量基本模型

2.其他经济订货批量

当逐步放开基本经济订货批量的假设时，最优订货量的确定方法会发生一定变化。如果存货不能够随时补充，就不能在存货耗用到零时才发出订单，而是有一定存货数量时就需要发出订单，则发出订单时的存货数量为再订货点；如果存货不是一次到达，而是一边送达一边耗用，则需要考虑送达和耗用数量的比例；如果一次购进数量不是很多还可能发生缺货，此时需要考虑缺货成本；如果随着购进数量的增加会出现商业折扣，则还需要将买价考虑在内确定最优的采购量。这些模型的讲授超过本书范畴，感兴趣的读者可以参考"财务管理"教材，此处不再赘述。

例8.2

某中小企业全年需要甲零件1 200件，每次订货的成本为400元，每件存货的年储存成本为6元。

要求：计算最佳经济订货批量。

分析：

$$经济批量（Q）=\sqrt{\frac{2KD}{K_C}}=\sqrt{\frac{2 \times 1\ 200 \times 400}{6}}=400（件）$$

该存货每年订货次数=1 200÷400=3（次）

（三）选择合适的供应商

如果企业要购进的存货存在不止一家供应商，企业就需要在不同供应商之间做出选择。首先，应该选择供货质量稳定、符合企业需求的供应商，而不能只看较低的单价；其次，要选择可以长期合作甚至可以对所需存货进行联合开发的供应商，减少日后的成本支出；最后，如果上述条件相似，还要分析比较各个供应商提供的付款条件，有可能的话应该享受现金折扣，间接降低存货的采购成本。

四、流动资产投资的财税事项

货币资金不涉及财税问题，因此这里只探讨应收账款和存货投资涉及的财税事项。

（一）应收账款相应的财税事项

应收账款是伴随企业销售行为发生的一项债权。一般纳税人应在确认销售收入的同时，按照增值税专用发票列明的金额确认一笔增值税的销项税额。对于代垫的运杂费等，即便收到增值税专用发票，也不用确认销项税额，而是只作为应收账款反映相应的债权债务关系。

（二）存货的财税处理

这里主要陈述购进存货的财税处理，销售存货的财税处理在销售过程中涉及。

一般纳税人在存货购进环节，可以根据取得的增值税专用发票上列明的金额计入增值税的进项税额，对于符合规定的进项税额可以从当期销项税额中抵扣；小规模纳税人则无论是否取得增值税专用发票，均应将支付的税金计入存货成本之中。

任务实施

鉴于流动资产投资在企业的重复性较强，流动资产的获利能力又较低，所以流动资产的投资决策在企业也有着重要的地位。本部分的计算内容过于复杂，学习之后只强调掌握其相应的投资及管理理念。因此，需要在熟悉课程内容之后完成下述任务：

拓展阅读 8-1
存货决策的扩展模型

一、复述流动资产的主要构成内容。

二、将资金管理的方法和技巧列在下面空白处。

三、熟悉存货成本的构成要素和决策方法。

（一）存货成本的构成要素。

（二）存货经济订货批量的假设和计算公式。

四、被调查企业对货币资金、应收账款和存货采用了哪些管理方法？他们的理由是什么？

任务二　如何进行项目投资？

任务分析|

投资是提升企业价值的主要方法，项目投资决策是影响企业未来盈利能力和发展方向的重要决策。因此，企业一定要慎重对待。本部分内容需要在理解基本知识的基础上，正确计算现金流量、折现率和投资决策的相关指标，熟练地做出相关决策，并且最好结合其他企业实际采用的决策方法，了解、比较不同决策方法在实际中的应用状况。所以，在本部分内容学习完成之后，应该达到以下要求：

第一，能够明确项目投资现金流量的分类和基本构成内容；

第二，可以合理确定项目投资的折现率；

第三，熟悉决策指标的计算方法，正确计算不同指标。

相关知识|

和流动资产投资相对应的是非流动资产投资。非流动资产投资包括购置固定资产、无形资产以及综合性的项目投资等。无形资产取得策略已经在研发过程中讲述过，此部分只涉及项目的投资决策和与固定资产相关的财税问题。

一、现金流量的内涵、分类及计算

为了判断某个项目是否值得企业花费大量人力、财力、物力进行投资，需要根据科学标准计算系列指标辅助决策。现金流量是进行项目投资决策最基本的指标之一。

现金流量按其来源性质可以分为初始现金流量、经营现金流量和终结点现金流量三部分。

微课 8-2
现金流量的内涵、分类及计算

（一）初始现金流量及其估计

初始现金流量是项目开始投资时发生的现金流量，一般包括如下几个部分：固定资产上的投资，包括固定资产的购入或建造成本、运输成本和安装成本等；流动资产上的投资，包括对材料、在产品、产成品和现金等流动资产的投资；其他投资费用，指与长期投资有关的职工培训费、谈判费、注册费用等。

（二）经营现金流量及其估计

经营现金流量又叫营业现金流量，是项目投入使用后，在其寿命周期内由生产经营带来的现金流入和流出的数量。这种现金流量一般以年为单位进行计算。现金流入一般是指营业现金收入，现金流出一般是指营业现金支出和交纳的税金。如果一个投资项目的每年销售收入等于营业现金收入，付现成本（指不包括折旧等非付现的成本）等于营业现金支出，那么，年营业现金净流量（net cash flow，NCF）可用下列公式计算：

每年净现金流量（NCF）=营业收入−付现成本−所得税

或　　每年净现金流量（NCF）=（营业收入−付现成本）×（1−所得税税率）+折旧×所得税税率

由此可见，正确估计经营现金流量需要中小企业经营者能够合理预测投资项目带来的营业收入及付现成本。

（三）终结点现金流量及其估计

终结点现金流量是投资项目完结时所发生的现金流量，主要包括：固定资产的残值收入或变价收入，原有垫支在各种流动资产上的资金（项目开始时投资在原材料、应收账款和存货等方面的资金，减去项目投产带来的应付账款增加金额后的差额）的收回，停止使用的土地的变价收入等。

（四）现金流量的表示方法

一般用净现金流量来表示项目的现金流量，净现金流量等于一定期间的现金流入量减去现金流出量。如果差额为正表示现金净流入量，用正数表示；如果差额为负则为现金净流出量，用负数表示。正常情况下，初始现金净流量为负数，经营现金流量和终结点现金流量为正数。

二、货币时间价值的确定

由于货币具有时间价值，不同时点等量的现金流量价值不相等，无法直接进行比较，因此，还需要中小企业经营者根据投资项目的风险大小、对投资项目预期的报酬率高低等，分析确定一个适合该投资活动的折现率，对前述估计的净现金流量进行折现，将不同时期的净现金流量折算到决策时点，以便进行决策。

微课8-3
货币时间价值
及投资决策指标

（一）项目投资的机会成本

鉴于资源的有限性和排他性，当资金投资于某个项目时便无法同时用于

其他方面。因此，对资金的使用就要求取得等同投资于其他项目的基本回报，这种由于投资于某个项目而放弃投资于其他项目时可能产生的最高回报便被称为机会成本。中小企业经营者一定要充分考虑其投入的资金和精力的机会成本，将其作为确定折现率的依据之一。

（二）投资项目的风险

在正常的资本市场环境下，风险越大，收益应该越高。当投资活动存在风险时，由于风险厌恶情绪的普遍存在，经营者会对该投资活动要求一定的风险报酬，项目的风险越大，经营者要求的风险报酬就会越高。投资项目的折现率，即经营者对投资项目要求的最低报酬率，包括前面提到的机会成本，以及由于冒风险而要求的风险报酬。

（三）货币时间价值的确定

银行存款利率、贷款利率、各种债券利率、股票的股利率，都可以看作投资报酬率，它们与时间价值有相同的地方，也有区别。在没有风险和通货膨胀的情况下，只存在货币时间价值，其才与上述各种报酬率相等。因此，为了便于理解和应用，在论述货币时间价值时采用抽象分析的方法，一般假定没有风险，没有通货膨胀，以利率代表时间价值。

三、投资决策的指标及评价

常用的投资评价指标有净现值、内含报酬率、现值指数等。

（一）净现值（NPV）

投资项目投入使用后的净现金流量，按经营者期望得到的报酬率折算为现值，减去初始投资现值后的余额，叫作净现值。其计算公式为：

$$NPV = \sum_{t=m+1}^{m+n} \frac{CF_t}{(1+i)^t} - \sum_{t=0}^{m} \frac{CF_t}{(1+i)^t}$$

其中：CF_t 是每年的现金净流量；

　　　i 是经营者要求的报酬率；

　　　n 是营业现金流量发生的时间；

　　　m 是项目从筹建开始到产生营业现金流量的时期；

　　　NPV 表示项目的净现值。

净现值反映了在考虑货币时间价值后，项目能够给企业带来的经济利益总流入。按照净现值法的评价标准，在只有一个备选方案的采纳或否决决策中，净现值为正者则采纳，净现值为负者则不采纳。在有多个备选方案的互斥项目[①]决策中，应选择净现值为正值中的最大者。

---

① 互斥项目是指多个互相排斥、不能同时并存的方案。如两种产能和价格不同，但性能相同、用于生产同一类产品的机器设备的购置就属于互斥决策，经营者只能选择其一，而不会同时选择。

（二）内含报酬率（IRR）

内含报酬率是指能够使未来现金流入现值等于未来现金流出现值的贴现率，或者说是使投资方案净现值为零的贴现率。其计算公式如下：

$$\sum_{t=m+1}^{m+n} \frac{CF_t}{(1+IRR)^t} = \sum_{t=0}^{m} \frac{CF_t}{(1+IRR)^t}$$

公式中各个符号的解释同净现值的计算公式。根据公式计算出的 IRR 就是投资项目本身的报酬率，是投资项目的真实报酬。因此，内含报酬率法是根据方案本身的内含报酬率来评价方案优劣的一种方法。

内含报酬率的计算，通常需要采用"逐次测试法"。首先估计一个折现率，用它来计算项目的净现值，如果净现值为正数，说明项目本身的报酬率超过折现率，应提高利率继续测试；如果项目的净现值为负数，说明项目本身的报酬率低于折现率，应降低利率继续测试。经过多次测试，寻找出使净现值接近于零的报酬率，即为项目本身的内含报酬率。当项目本身的内含报酬率高于经营者要求的必要报酬率时项目可行；对于互斥项目，正常情况下应选择内含报酬率高的项目。

（三）现值指数（PI）

现值指数是投资项目未来报酬的总现值与初始投资额的现值之比。其计算公式为：

$$PI = \sum_{t=m+1}^{m+n} \frac{CF_t}{(1+i)^t} \div \sum_{t=0}^{m} \frac{CF_t}{(1+i)^t}$$

公式中各个符号的解释同净现值的计算公式。现值指数反映每元初始投资给企业带来的考虑货币时间价值后的净收益，消除了投资额差异对项目评价的影响。按照现值指数法的评价标准，评价单一项目时现值指数应大于1；多个项目选优时应取现值指数最大者。

现值指数是相对数，反映投资的效率；净现值是绝对数，反映投资的效益，两者各有自己的用途。一般情况下，PI 与 NPV 法的评价结论相同。若 NPV 大于 0，则 PI 大于 1；但 NPV 法侧重于互斥项目的比较，PI 法侧重于独立项目[①]的评价。

例 8.3

某中小企业准备上一新项目，经测算有关资料如下：

该项目需固定资产投资 80 万元，第一年年初和第二年年初各投资 40 万元，两年建成投产，投产后一年达到正常生产能力；

---

① 独立项目是指不受其他项目的影响而进行选择的项目，也就是说，该项目的接受既不要求也不排除其他投资项目。如购置空调、财务软件和办公桌椅的决策就是独立项目的选择决策，任何一个项目的选择都不会影响其他项目的执行与否。

投产前需垫支流动资金10万元;

固定资产可使用5年,按直线法折旧,期末残值8万元;

根据市场调查和预测,投产后第一年销售收入为20万元,以后4年每年为85万元,第一年的付现成本为10万元,以后各年均为55万元;

企业所得税税率为25%,同行业其他企业投资者要求的报酬率为15%。

要求:(1)计算项目的现金流量;

(2)确定项目的折现率;

(3)计算NPV、PI、IRR等决策指标,做出是否投资的决策。

分析:(1)首先计算项目的现金流量。

年折旧=(80-8)÷5=14.4(万元)

现金流量计算为:

$NCF_0 = NCF_1 = -40$万元

$NCF_2 = -10$万元

$NCF_3 = (20-10) \times (1-25\%) + 14.4 \times 25\% = 7.5 + 3.6 = 11.1$(万元)

$NCF_{4 \sim 6} = (85-55) \times (1-25\%) + 14.4 \times 25\% = 22.5 + 3.6 = 26.1$(万元)

$NCF_7 = 26.1 + 8 + 10 = 44.1$(万元)

(2)确定折现率。

同行业其他企业投资者要求的报酬率为15%,在市场有效的情况下,项目的折现率应该也为15%。

(3)计算相应指标。

$NPV = -40 - 40 \times (P/F, 15\%, 1) - 10 \times (P/F, 15\%, 2) + 11.1 \times (P/F, 15\%, 3) +$

$\quad 26.1 \times (P/A, 15\%, 4) \times (P/F, 15\%, 3) + 18 \times (P/F, 15\%, 7)$

$\quad = -40 - 40 \times 0.87 - 10 \times 0.756 + 11.1 \times 0.658 + 26.1 \times 2.855 \times 0.658 + 18 \times 0.376$

$\quad = -40 - 34.8 - 7.56 + 7.30 + 49.03 + 6.77 = -82.36 + 63.1 = -19.26$(万元)

由上述计算可知,现金流出量的现值为82.36万元,现金流入量的现值为63.1万元,所以:

$PI = 63.1 \div 82.36 = 0.766$

由于项目的净现值小于零,所以内含报酬率低于折现率,将折现率降低到10%进行测试。

折现率=10%时:

$NPV = -84.62 + 79.71 = -4.91$

由于此时项目的净现值仍小于零,所以将折现率降低到8%继续进行测试。

折现率=8%时:

$NPV = -85.61 + 87.94 = 2.33$

所以,内含报酬率位于8%和10%之间,用内插法解得IRR=8.64%。

由于该项目的净现值小于0,现值指数小于1,内含报酬率低于投资者要求的必要报酬率,所以,项目不可行。

四、项目投资的财税规定

项目投资会同时涉及固定资产和流动资产，涉及增值税和所得税，需要企业在进行计算和决策时予以关注。

（一）增值税的财税规定

1.固定资产的增值税规定

企业购入固定资产时，如果中小企业是一般纳税人且取得了增值税专用发票，在经过税务部门认证之后，增值税专用发票上列明的进项税额可以抵扣；如果企业是小规模纳税人或者购买固定资产时未取得增值税专用发票，则相应的进项税额需要计入固定资产价值。

固定资产处置时相关的增值税，分以下两种情况：

（1）凡是取得时不允许抵扣进项税额的，按照简易计税方法计税：不动产按照5%的征收率缴纳增值税；非不动产自2014年7月1日起依照3%的征收率减按2%缴纳增值税。

（2）凡是取得时允许抵扣进项税额的，企业无论是否抵扣，处置时均须按照一般计税方式选用适用税率计税。

2.流动资产的增值税规定

取得流动资产的财税规定见任务一，购进材料支付的现金流量应该包含增值税进项税额，同时销售产品时得到的现金流量应该是包含增值税销项税额的现金流量。

（二）所得税的规定

1.固定资产的所得税规定

项目结束对固定资产进行处置时，还需要根据处置净收益（指变价收入扣除了固定资产的折余价值及相应的清理费用后的净收益）计算缴纳所得税。固定资产变价收入部分应缴纳的所得税用公式表示为：

应纳所得税=（固定资产变价收入-折余价值-所纳流转税）×所得税税率

固定资产在使用过程中会按照既定的折旧方法计提折旧，折旧计入费用会减少利润，形成抵税作用。折旧带来的税负减少可计算如下：

折旧抵税=折旧额×税率

2.流动资产的所得税规定

其主要涉及使用流动资产过程中形成的收入和费用的所得税问题。所以，计算现金流量时需考虑所得税的影响，计算税后收入和税后成本。

税后收入=应税收入×（1-所得税税率）

税后成本=实际支出×（1-所得税税率）

3.回收垫支流动资金的所得税问题

项目终结时收回的垫支流动资金不需要缴纳所得税。

任务实施

本部分内容计算题目较多，需要学生在学习相应知识的基础上加以应用，完成下述任务：

拓展阅读 8-2
项目决策的其他方法

一、将项目投资现金流量的分类和各部分基本构成内容写在下面。

二、请写出项目投资折现率的确定方法。

三、根据下面的资料计算项目的现金流量，确定折现率，计算 NPV、IRR、PI 等决策指标，进行决策。

ABC 公司准备购入一台新设备替换现有设备，以扩充公司的生产能力。新设备需投资 20 000 元，不需安装即可使用。预计其使用寿命为 5 年，采用直线法计提折旧，5 年后设备的残值为 1 000 元。5 年中每年预计可实现销售收入 10 000 元，每年的付现成本 5 000 元。设备投产前需垫支流动资金 2 000 元，假设公司的所得税税率为 25%，旧设备的变价收入为 2 000 元，与其账面价值相等。同类项目其他投资者要求的报酬率为 10%。

四、被调查企业对于项目投资主要采用了什么方法？为什么？

考核评价

本项目内容既涉及流动资产和投资项目投资过程中相关的知识和理论，又涉及管理时一些具体决策的计算资料，还涉及对被调查企业资料的整理，因此，考核可以参考表8-1进行：

表8-1　　　　　　　　投资过程的财税事项学习考核评价表

考核内容	分值（分）	得分
流动资产构成内容	10	
现金管理的方法和技巧	15	
存货构成和决策	15	
不同现金流量的构成内容	20	
折现率的确定	10	
决策指标的计算	15	
调查资料的整理	15	
合　　计	100	

思考与练习

1.如何做好中小企业的货币资金、应收账款和存货管理？

2.项目投资的现金流量各部分包含哪些内容？

3.项目投资决策指标之间有什么关系？

项目九　中小企业的纳税管理

项目目标

税收是国家为满足社会公共需要，凭借公共权力，按照法律所规定的标准和程序，参与国民收入分配，强制取得财政收入所形成的一种特殊分配关系。它由政府征收，取之于民、用之于民、造福于民，具有无偿性、强制性和固定性的形式特征。中小企业从创办之日起就会涉及不同的税收事务，需要经营者予以充分关注。

近年来，国家为支持大众创业、万众创新，出台了很多税收优惠政策。企业初创期，除了普惠式的税收优惠，重点行业的小微企业购置固定资产，特殊群体创业或者吸纳特殊群体就业（高校毕业生、失业人员、退役士兵、军转干部、随军家属、残疾人、回国服务的在外留学人员、长期来华定居专家等）还能享受特殊的税收优惠。中小企业一定要对这些政策有所了解，充分利用国家的优惠政策，降低企业的成本，增强企业的盈利能力。

本项目学习过程中，应该实现以下目标：

第一，了解中小企业涉及的税收项目；

第二，熟悉针对中小企业的税收优惠政策，能够在实际工作中加以运用。

项目任务

小杨是一个管理咨询公司的老总，企业已顺利经营几年，并开始盈利。2015年，他的大学同学小李博士毕业，在读博期间做了一个基金项目，结项成果是一套针对双创教育的评估体系。正值"双创热"，小杨想把这套评价体系用起来，于是和小李合伙成立了一家教育研究院，小李以技术入股（占40%），不参与企业的任何经营活动。2022年上半年该评价体系卖出了2套，小李感觉小杨的推广力度不够，要求退股。此时企业的账上有25万元的利润，需要按照40%的比例分给小李并缴纳所得税。

复盘整个经营过程，小杨发现：第一，评估体系主要销售给了其做咨询公司时的老客户，营销过程中的支出小杨都没有入研究院的账，很多是自己请客户吃饭，没开过发票报销；第二，作为管理咨询公司的老板，研究院创办2年多来小杨没领过1分钱的工资；第三，日常参加国内一些会议或培训的支出也是小杨自己掏的腰包，没有从研究院报销过；第四，因购买评价体系的学校通过支票支付款项，小杨找税务部门代开了销售发票。

请你帮助小杨做以下分析：

第一，在经营过程中小杨的研究院涉及了哪些税种？

第二，对于小杨在研究院经营中的做法，在纳税筹划上你有何建议？

第三，调研2～3家中小企业，了解其涉及的税种及享受过的税收优惠。

|导引案例|

2020 年全年我国新增减税降费超过 2.5 万亿元

2020 年全年我国新增减税降费超过 2.5 万亿元，全年组织税收收入（已扣除出口退税）13.68 万亿元，及时准确办理出口退税 1.45 万亿元，非税收入 6 316 亿元，为 399 万户纳税人办理延期缴纳税款 292 亿元，实现 90% 的涉税事项、99% 的纳税申报业务可网上办、线上办、掌上办，为统筹推进疫情防控和经济社会发展做出了积极贡献。

2021 年，党中央、国务院围绕提振工业经济运行、支持中小微企业发展等方面，打出了一套税费优惠政策"组合拳"，既有减税降费政策又有缓税缓费措施，既助力稳住经济增长又着力增强企业发展后劲。全年新增减税降费约 1.1 万亿元，为制造业中小微企业办理缓缴税费 2 162 亿元，为煤电和供热企业办理"减、退、缓"税 271 亿元。

"十三五"期间，国家税务总局集成推出 108 项 279 条服务举措，推出 16 项办税缴费便利化改革措施；精简 50% 以上的报送资料、25% 以上的纸质表证单书，95% 以上的税收优惠事项实现"免备案"；陆续推出 50 余项征管服务措施，支持国家重大区域发展战略。税收现代化"六大体系"建设深入推进，"十三五"期间全国新增减税降费累计超过 7.6 万亿元，累计办理出口退税 7.07 万亿元，有效激发了市场主体活力，新办涉税市场主体 5 745 万户，较"十二五"时期增长 83%，为稳住就业和经济基本盘做出了积极贡献。连年完成预算收入任务，累计组织税收收入（已扣除出口退税）65.7 万亿元，为经济社会发展提供了坚实的财力保障。

资料来源：[1] 陈晨. 2020 年我国新增减税降费超 2.5 万亿元 [EB/OL]. [2021-01-17]. https://baijiahao.baidu.com/s？id=1688460625078113965&wfr=spider&for=pc.

[2] 佚名. 税务总局：2021 年我国全年新增减税降费约 1.1 万亿元 [EB/OL]. [2022-01-26]. http://finance.people.com.cn/n1/2022/0126/c1004-32340302.html.

案例解析：

近年来，我国持续实施大规模减税降费，将制度性安排、阶段性政策和临时性措施结合起来，统筹兼顾，系统推进，对激发创新活力、优化经济结构、促进居民消费、扩大就业等都发挥了重要作用。加快构建新发展格局，更需要依靠创新推动实体经济高质量发展，税收优惠政策要在促进科技创新与实体经济深度融合方面发挥更大作用。于是，党中央、国务院继续部署实施组合式、规模性减税降费政策，加大对中小微企业、个体工商户、制造业等的支持力度，让利于民，让经济在高质量发展的同时实现腾飞。

|案例笔记|

■ 树立纳税光荣、偷税漏税可耻的价值观。

■ 培养法治意识。日常工作一定要严格遵守法律、法规，合法合规开展工作，要懂法、守法。

■ 形成正确的盈利理念：

我有利，客无利，则客不存；我利大，客利小，则客不久；客有利，我无利，皮之不存，毛将焉附？客我利相当，则客久存，我则久利！然双赢！

——墨子《商之道》

■ 纳税信用是社会信用体系的重要组成部分，与企业和个人的切身利益紧密相关。良好的纳税信用体系有助于优化资源配置，推动市场更好发展。

■ 优质的纳税信用日益成为企业长远发展的"金名片"。中国正在持续构建一种让守信企业一路畅通、失信企业处处受限、服务经济社会高质量发展、以信用为基础的新型税收服务管理机制，努力推动税收诚信与国家治理现代化全面接轨。

任务一　中小企业会涉及哪些税收项目？

任务分析

美国的富兰克林曾说：在这世界上，除了死亡和税收以外，没有可以肯定的事。所以，中小企业从创办之日起就会涉及相应的税收问题，为了使中小企业在遵纪守法的基础上能够充分享受国家税收优惠，就需要事先了解和企业相关的税收问题。通过对知识的学习，以及对2~3家中小企业的调查，应该：

第一，熟悉流转税的相关法律规定，尤其是增值税的内容；

第二，掌握企业的不同法律形式所涉及的所得税事项；

第三，了解其他税种的规定。

相关知识

一、流转税

流转税是以纳税人商品生产、流通环节的流转额或者数量以及非商品交易的营业额为征税对象的一类税收。只要企业有收入，无论是否赚钱都需要交税。全面"营改增"之后，对企业来说，流转税主要是指增值税和消费税。

拓展阅读9-1
销项税额和进
项税额

（一）增值税

增值税是以商品（含应税劳务）在流转过程中产生的增值额作为计税依据而征收的一种流转税。其属于价外税，也就是由消费者负担，有增值才征税、没增值不征税。

按照《营业税改征增值税试点实施办法》的规定，在中华人民共和国境内（以下称境内）销售服务、无形资产或者不动产（以下称应税行为）的单位和个人，为增值税纳税人。单位，是指企业、行政单位、事业单位、军事单位、社会团体及其他单位；个人，是指个体工商户和其他个人。

纳税人分为一般纳税人和小规模纳税人。

1.一般纳税人

下面分认定标准、适用税率和计税办法三方面进行介绍。

（1）认定标准。企业年应税销售额超过500万元的为增值税一般纳税人。其中，年应税销售额，是指纳税人在连续不超过12个月的经营期内累计应征增值税销售额，包括免税销售额。

年应税销售额未超过规定标准的纳税人，会计核算健全，能够提供准确税务资料的，可以向主管税务机关办理一般纳税人资格登记，成为一般纳税人。

除国家税务总局另有规定外，登记为一般纳税人后，在一定期限内还允许一般纳税人转为小规模纳税人。

（2）适用税率。一般纳税人适用的税率有：13%、9%、6%、0等。销售货物或者提供加工、修理修配劳务和进口货物，以及提供有形动产租赁服务的适用13%税率；提供交通运输业服务、邮政、基础电信、建筑、不动产租赁服务，销售不动产，转让土地使用权，以及农产品（含粮食）、自来水、暖气、石油液化气、天然气、食用植物油、冷气、热水、煤气、居民用煤炭制品、食用盐、农机、饲料、农药、农膜、化肥、沼气、二甲醚、图书、报纸、杂志、音像制品、电子出版物的适用9%税率；提供现代服务业服务（有形动产租赁服务除外）适用6%税率；出口货物等特殊业务适用0税率。

（3）计税办法。一般纳税人发生应税行为适用一般计税方法计税。其应纳税额是当期销项税额抵扣当期进项税额后的余额。应纳税额计算公式：

应纳税额=当期销项税额–当期进项税额

当期销项税额小于当期进项税额不足抵扣时，其不足部分可以结转至下期继续抵扣。

一般计税方法的销售额不包括销项税额，纳税人采用销售额和销项税额合并定价方法的，按照下列公式计算销售额：

销售额=含税销售额÷（1+税率）

　　纳税人适用一般计税方法计税的，因销售折让、中止或者退回而退还给购买方的增值税税额，应当从当期的销项税额中扣减；因销售折让、中止或者退回而收回的增值税税额，应当从当期的进项税额中扣减。

　　2.小规模纳税人

　　从认定标准、适用税率和计税办法三方面进行阐述。

　　（1）认定标准。小规模纳税人是指年销售额在规定标准以下，并且会计核算不健全（不能正确核算增值税的销项税额、进项税额和应纳税额），不能按规定报送有关税务资料的增值税纳税人。

　　年应税销售额超过小规模纳税人标准的其他个人，以及非企业性单位、不经常发生应税行为的企业为小规模纳税人。

　　（2）适用税率。增值税对小规模纳税人采用简易征收办法，对小规模纳税人适用的税率称为征收率，征收率为3%。

　　（3）计税办法。小规模纳税人销售货物或者应税劳务，实行按照销售额和征收率计算应纳税额的简易办法，并不得抵扣进项税额。应纳税额计算公式：

　　应纳税额=销售额×征收率

　　采用简易计税办法的销售额不包括其应纳税额，纳税人采用销售额和应纳税额合并定价方法的，按照下列公式计算销售额：

　　销售额=含税销售额÷（1+征收率）

　　纳税人适用简易计税办法计税的，因销售折让、中止或者退回而退还给购买方的销售额，应当从当期销售额中扣减。扣减当期销售额后仍有余额造成多缴的税款，可以从以后的应纳税额中扣减。

　　增值税小规模纳税人（其他个人除外）发生增值税应税行为，需要开具增值税专用发票的，可以自愿使用增值税发票管理系统自行开具。选择自行开具增值税专用发票的小规模纳税人，税务机关不再为其代开增值税专用发票。增值税小规模纳税人应当就开具增值税专用发票的销售额计算增值税应纳税额，并在规定的纳税申报期内向主管税务机关申报缴纳。在填写增值税纳税申报表时，应当将当期开具增值税专用发票的销售额，按照3%和5%的征收率，分别填写在增值税纳税申报表（小规模纳税人适用）第2栏和第5栏"税务机关代开的增值税专用发票不含税销售额"的"本期数"相应栏次中。

　　3.零申报

　　小规模纳税人未产生税金也需要进行纳税申报，即为零申报。需要注意的是，连续3个月零申报属于异常申报，将被税务局列入重点关注对象。或者虽然有间隔，但一年内有6个月都零申报，企业还是有可能会被查账、被处罚的。

4.一般纳税人和小规模纳税人的转化

《国家税务总局关于统一小规模纳税人标准等若干增值税问题的公告》第一条规定，一般纳税人转登记为小规模纳税人，应同时符合以下两个条件：一是按照《增值税暂行条例》和《增值税暂行条例实施细则》的有关规定，已登记为一般纳税人；二是转登记日前连续12个月（按月申报纳税人）或连续4个季度（按季申报纳税人）累计应税销售额未超过500万元。如果纳税人在转登记日前的经营期尚不满12个月或4个季度，则按照月（或季度）平均销售额估算12个月或4个季度的累计销售额。

需要明确的是，纳税人是否由一般纳税人转为小规模纳税人，由其自主选择，符合上述规定的纳税人，不主动提出转变申请的可继续作为一般纳税人。

5.混合销售和兼营的纳税事项

一项销售行为如果既涉及服务又涉及货物，为混合销售。从事货物的生产、批发或者零售的单位和个体工商户的混合销售行为，按照销售货物缴纳增值税；其他单位和个体工商户的混合销售行为，按照销售服务缴纳增值税。也就是说，混合销售的税率或征收率一般按主业，特别情况按兼营对待。

按照法律的规定，纳税人兼营销售货物、劳务、服务、无形资产或者不动产，适用不同税率或者征收率的，应当分别核算适用不同税率或者征收率的销售额；未分别核算的，从高适用税率。

（二）消费税

消费税是以特定消费品为课税对象所征收的一种税，属于流转税的范畴。在对货物普遍征收增值税的基础上，选择部分消费品再征收一道消费税，可以调节产品结构，引导消费方向，保证国家财政收入。

在中华人民共和国境内生产、委托加工和进口《中华人民共和国消费税暂行条例》规定的消费品的单位和个人，以及国务院确定的销售本条例规定的消费品的其他单位和个人，为消费税的纳税人，应当依照本条例缴纳消费税。消费税税目、税率的调整，由国务院决定。

纳税人兼营不同税率的应当缴纳消费税的消费品（以下简称应税消费品），应当分别核算不同税率应税消费品的销售额、销售数量；未分别核算销售额、销售数量，或者将不同税率的应税消费品组成成套消费品销售的，从高适用税率。

消费税实行从价定率、从量定额，或者从价定率和从量定额复合计税（以下简称复合计税）的办法计算应纳税额。应纳税额计算公式：

实行从价定率办法计算的应纳税额=销售额×比例税率

实行从量定额办法计算的应纳税额=销售数量×定额税率

实行复合计税办法计算的应纳税额=销售额×比例税率+销售数量×定额税率

关于消费税税率和税目的详细介绍已超出本书的范畴，感兴趣的读者可以学习相关法规。

二、所得税

企业的所得税，依据企业类型不同而不同。对于个体工商户、个人独资企业和合伙企业来讲需要缴纳个人所得税；公司制企业和农民专业合作社需要缴纳企业所得税，如图9-1所示：

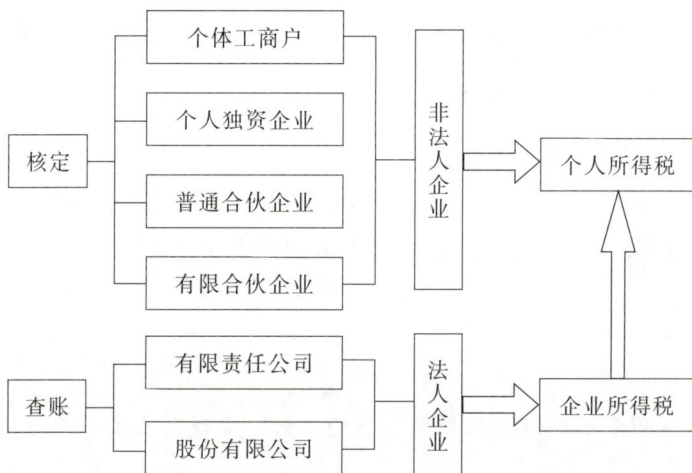

图9-1　中小企业的所得税构成

（一）企业所得税

公司和农民专业合作社等法人企业需要按照《企业所得税法》的规定，在不存在纳税调整的情况下就其实现的利润总额缴纳25%的企业所得税。税后利润在提取法定盈余公积之后才能用来进行利润分配，分配给投资者。个人投资者在得到分配的利润之后，要按照股息红利所得缴纳20%的个人所得税。

非法人企业不需要缴纳企业所得税。

国家对于特定行业企业的所得税优惠见任务二的相关内容。

需要指出的是，企业在日常经营过程中发生的费用并不一定全部能够用来抵扣所得税，而可能需要进行纳税调整。如超过税法规定的工资、费用和提取的业务招待费、福利费、工会经费、职工教育经费、折旧，以及不能在税前扣除的各种开支等等，在计算应纳税所得额时需要在利润总额的基础上进行调增处理。

（二）个人所得税

非法人企业的个体工商户、个人独资企业和合伙企业不需要缴纳企业所得税，只需要就实现的利润中归属于自己的部分，按照《个人所得税法》中的生产经营所得缴纳个人所得税。生产经营所得的个人所得税按照五级超额累进税率计算，其对应的税率及速算扣除数见表9-1。

表9-1　　　　生产经营所得的个人所得税对应的税率及速算扣除数

级数	全年应纳税所得额	税率（%）	速算扣除数（元）
1	不超过30 000元的	5	0
2	超过30 000元至90 000元的部分	10	1 500
3	超过90 000元至300 000元的部分	20	10 500
4	超过300 000元至500 000元的部分	30	40 500
5	超过500 000元的部分	35	65 500

需要说明的是，对于法人企业来说，实现的利润在进行分配前不需要缴纳个人所得税，但对于个体工商户、个人独资企业和合伙企业而言，只要账面上有了利润，无论是否进行分配，都要直接缴纳个人所得税。

例9.1

大学生甲和乙通过对拟创业项目的分析，发现创业第一年可以实现60万元的利润。

要求：请就以下不相关情况对所得税的情况进行分析：

1. 注册成立一家公司，实现的利润全部分配，每人一半；

2. 注册成立一家合伙企业，两人的收益权各占50%。

分析：

1. 成立公司，则需要先缴25%的企业所得税，还需要计提10%的法定盈余公积，个人从公司分得的股利需要缴纳20%的个人所得税。

税后利润=60×（1-25%）=45（万元）

可分配利润=45×（1-10%）=40.5（万元）

甲/乙实际所得=40.5÷2×（1-20%）=16.2（万元）

法定盈余公积也属于甲和乙的权益，但不用缴纳个人所得税。

2. 成立合伙企业，每人分得30万元，按照五级超额累进税率计算。

甲/乙实际所得=300 000×（1-20%）+10 500=250 500（元）

（三）所得税的征收方式

对于公司制企业，税务局采用查账征收的方式，以企业的财务核算数据为基础进行征税，对企业管理较严。

针对个体工商户、个人独资企业和合伙企业，大部分采用核定征收的方式。就是不去查看账簿，而是直接通知每期需要缴纳的所得税金额，或者根据开出的发票金额核定要缴的税额。在这种方式下，交税多少取决于税务局的核定，如果被核定的税额较低，显然对经营者有利。

由此看来，在例9.1中，虽然貌似公司制企业的股东分到手的利润较少，但考虑到征收方式的影响，也不一定公司制企业就不好。而且，如果中小企业的发展目标是上市，则最好一开始就注册成公司制企业。

农民专业合作社在进行登记时，根据税务机关的核定，可以选择采用以上两种方法中的一种。

三、其他税种

除了上面提到的流转税和所得税外，企业还要缴纳印花税、房产税、车船税、城镇土地使用税、土地增值税、教育费附加等税费。

1.印花税

书立、领受《中华人民共和国印花税暂行条例》所列举凭证的单位和个人，都是印花税的纳税义务人，应当按规定缴纳印花税。应纳税凭证有：购销、加工承揽、建设工程承包、财产租赁、货物运输、仓储保管、借款、财产保险、技术合同或者具有合同性质的凭证；产权转移书据；营业账簿；权利、许可证照；经财政部确定征税的其他凭证。

纳税人根据应纳税凭证的性质，分别按比例税率或者按件定额计算应纳税额。具体税率、税额的确定，请参照条例所附的《印花税税目税率表》，此处不再赘述。

需要注意的是，记载资金的账簿，按实收资本和资本公积合计金额的0.25‰贴花。已贴花的凭证，修改后所载金额增加的，其增加部分应当补贴印花税票。因为印花税税率低、负税轻，但是违法时处罚较重，除要补贴印花税票外，可处以应补贴印花税票金额10～30倍的罚款，中小企业在注册资金增加时一定要记得补缴印花税。

2.房产税

房产的产权所有人需要缴纳房产税，房产税在城市、县城、建制镇和工矿区征收。房产税依照房产原值一次减除10%至30%后的余值计算缴纳，税率为1.2%；依照房产租金收入计算缴纳的，税率为12%。具体减除幅度，由省、自治区、直辖市人民政府规定。没有房产原值作为依据的，由房产所在地税务机关参考同类房产核定。房产出租的，以房产租金收入为房产税的计税依据。

3.其他税种

其他税种略，感兴趣的读者可以查阅相关税法书籍。

任务实施|

本部分内容涉及多部法律法规，需要学生在了解书本基础知识的基础上做大量的拓展阅读，感兴趣的学生可以自学相应的法律法规。除此之外，可以通过对中小企业的调研，了解其实际工作中涉及的税种，将理论和实践相结合，不断提高自己的能力。在此基础上完成以下任务：

拓展阅读9-2
所得税的纳税
调整

一、请在下面写出增值税的概念。

二、列出增值税的一般纳税人和小规模纳税人的界定标准。

（一）定性标准。

（二）定量标准。

三、请写出你对于消费税的理解。

四、请写出对法人企业所得税征税的规定。

五、对个体工商户、个人独资企业和合伙企业的所得税是如何规定的？

六、除增值税、消费税和所得税外，中小企业还需要缴纳哪些税？

任务二　针对中小企业的税收优惠政策有哪些？

任务分析

近年来，国家为支持大众创业、万众创新，出台了很多对创业企业和中小微企业的税收优惠政策。从流转税到所得税都进行了大量减免。中小企业应充分利用这些政策，减少日常经营过程中的现金支出，缓解中小企业经营期间资金紧张的局面。但大量调查发现，中小企业在经营过程中利用税收减免政策的不多，究其原因是对政策的不了解。由此，需要在学习过程中：

第一，熟悉增值税的税收减免规定；
第二，掌握所得税的税收优惠政策；
第三，了解其他方面的税收减免措施。

相关知识

一、增值税

在中华人民共和国境内销售货物或者提供加工、修理修配劳务以及进口货物，销售服务、无形资产或者不动产的增值税小规模纳税人，在2022年12月31日前，月销售额15万元（按季纳税45万元）以下的单位和个人，暂免征收增值税。按季纳税申报的增值税小规模纳税人，实际经营期不足一个季度的，以实际经营月份计算当期可享受小微企业免征增值税政策的销售额度。增值税小规模纳税人应分别核算销售货物，提供加工、修理修配劳务的销售额，和销售服务、无形资产的销售额。自2022年4月1日至2022年12月31日，增值税小规模纳税人适用3%征收率的应税销售收入，免征增值税；适用3%预征率的预缴增值税项目，暂停预缴增值税。

纳税人提供技术转让、技术开发和与之相关的技术咨询、技术服务免征增值税。

销售自行开发生产软件产品的增值税一般纳税人，按13%税率征收增值税后，对其增值税实际税负超过3%的部分实行即征即退政策。

自2018年1月1日至2023年12月31日，对属于增值税一般纳税人的动漫企业销售其自主开发生产的动漫软件，对其增值税实际税负超过3%的部分，实行即征即退政策。符合条件的动漫设计等服务可选择适用简易计税方法计算缴纳增值税。

动漫软件出口免征增值税。

二、所得税

所得税包括企业所得税和个人所得税。

1.企业所得税

自2021年1月1日至2022年12月31日，将小型微利企业[①]的年应纳税所得额上限提高至100万元，对年应纳税所得额低于100万元（含100万元）的小型微利企业，其所得减按12.5%计入应纳税所得额，按20%的税率缴纳企业所得税。2022年1月1日至2024年12月31日，对小型微利企业年应纳税所得额超过100万元但不超过300万元的部分，减按25%计入应纳税所得额，按20%的税率缴纳企业所得税。符合条件的小型微利企业，在预缴和年度汇算清缴企业所得税时，通过填写纳税申报表的相关内容，即可享受减税政策，无须进行专项备案。

一个纳税年度内，居民企业技术转让所得不超过500万元的部分，免征企业所得税；超过500万元的部分，减半征收企业所得税。

我国境内新办的国家鼓励的软件企业，自2020年1月1日起，自获利年度起计算优惠期，第一年至第二年免征企业所得税，第三年至第五年按照25%的法定税率减半征收企业所得税，并享受至期满为止；国家鼓励的重点软件企业，自获利年度起，第一年至第五年免征企业所得税，接续年度减按10%的税率征收企业所得税；符合条件的软件企业按照《财政部国家税务总局关于软件产品增值税政策的通知》（财税〔2011〕100号）规定取得的即

微课9-1
所得税及税收优惠

---

① 小型微利企业，指从事国家非限制和禁止行业，且同时符合年度应纳税所得额不超过300万元、从业人数不超过300人、资产总额不超过5000万元等三个条件的企业。

征即退增值税款，由企业专项用于软件产品研发和扩大再生产并单独进行核算，可以作为不征税收入，在计算应纳税所得额时从收入总额中减除。符合条件的软件企业的职工培训费用，应单独进行核算并按实际发生额在计算应纳税所得额时扣除。

企业外购的软件，凡符合固定资产或无形资产确认条件的，可以按照固定资产或无形资产进行核算，其折旧或摊销年限可以适当缩短，最短可为2年（含）。

2.个人所得税

自2016年1月1日起，高新技术企业转化科技成果，给予本企业相关技术人员的股权奖励，个人一次缴纳税款有困难的，可根据实际情况自行制定分期缴税计划，在不超过5个公历年度内（含）分期缴纳，并将有关资料报主管税务机关备案。

实行查账征收和经省级高新技术企业认定管理机构认定的高新技术企业转化科技成果，给予本企业相关技术人员的股权奖励，个人一次缴纳税款有困难的，可根据实际情况自行制订分期缴税计划，在不超过5个公历年度内（含）分期缴纳。

实行查账征收的、经认定取得高新技术企业资格，且年销售额和资产总额均不超过2亿元、从业人数不超过500人的企业以未分配利润、盈余公积、资本公积向个人股东转增股本时，个人股东一次缴纳个人所得税确有困难的，可根据实际情况自行制订分期缴税计划，在不超过5个公历年度内（含）分期缴纳。

以技术成果投资入股的企业或个人，投资入股当期可暂不纳税，允许递延至转让股权时，按股权转让收入减去技术成果原值和合理税费后的差额计算缴纳所得税。

2021年1月1日至2022年12月31日，对个体工商户经营所得年应纳税所得额不超过100万元的部分，在现行优惠政策基础上，减半征收个人所得税。

三、特殊业务的税收优惠

本部分介绍折旧业务、进口业务、非货币资产投资业务等的税收优惠。

（一）折旧业务

企业在2018年1月1日至2023年12月31日期间新购进的设备、器具，单位价值不超过500万元的，允许一次性计入当期成本费用在计算应纳税所得额时扣除，不再分年度计算折旧；单位价值超过500万元的，可缩短折旧年限或采取加速折旧的方法。缩短折旧年限的，最低折旧年限不得低于《企业所得税法实施条例》第六十条规定折旧年限的60%；采取加速折旧方法的，可采取双倍余额递减法或者年数总和法。所有行业企业持有的单位价值不超过 5 000 元的固定资产，允许一次性计入当期成本费用在计算应纳税所得额时扣除，不再分年度计算折旧。

中小微企业在 2022 年 1 月 1 日至 2022 年 12 月 31 日期间新购置的设备、器具，单位价值在 500 万元以上的，按照单位价值的一定比例自愿选择在企业所得税税前扣除。其中，企业所得税法实施条例规定最低折旧年限为 3 年的设备器具，单位价值的 100% 可在当年一次性税前扣除；最低折旧年限为 4 年、5 年、10 年的，单位价值的 50% 可在当年一次性税前扣除，其余 50% 按规定在剩余年度计算折旧进行税前扣除。

生物药品制造业，专用设备制造业，铁路、船舶、航空航天和其他运输设备制造业，计算机、通信和其他电子设备制造业，仪器仪表制造业，信息传输、软件和信息技术服务业等六个行业的企业 2014 年 1 月 1 日后新购进的固定资产，可缩短折旧年限或采取加速折旧的方法。轻工、纺织、机械、汽车等四个领域重点行业的企业 2015 年 1 月 1 日后新购进的固定资产，可由企业选择缩短折旧年限或采取加速折旧的方法。

以上行业和领域的小型微利企业新购进的研发和生产经营共用的仪器、设备的折旧处理同所有行业企业的规定。

（二）进口业务

对符合规定条件的企业及核电项目业主为生产国家支持发展的重大技术装备或产品而确有必要进口的部分关键零部件及原材料，免征关税和进口环节增值税。

（三）非货币性资产投资

以非货币性资产对外投资的居民企业，可在不超过 5 年期限内，将资产转让所得分期均匀计入相应年度的应纳税所得额，按规定计算缴纳企业所得税；个人以非货币性资产投资交易过程中取得现金补价的，现金部分应优先用于缴税；现金不足以缴纳的部分，可分期缴纳。个人在分期缴税期间转让其持有的上述全部或部分股权，并取得现金收入的，该现金收入应优先用于缴纳尚未缴清的税款。

（四）其他

属于国家重点扶持行业的高新技术企业可以享受企业所得税 15% 的优惠税率。高新技术企业发生的职工教育经费支出，不超过工资总额 8% 的部分，准予在计算企业所得税应纳税所得额时扣除；超过部分，准予在以后纳税年度结转扣除。高新技术企业和科技型中小企业亏损结转年限延长至 10 年。取消企业注册登记费等 18 项行政事业收费。

拓展阅读 9-3
2022 年税收
优惠汇编

任务实施

通过理论知识的学习，结合对 2 ~ 3 家中小企业的调查，应熟悉和掌握国家对于中小企业的税收优惠政策，以便在实际工作过程中熟练地加以运用。学习结束后，应完成如下任务：

一、写出国家针对中小企业在增值税方面的税收减免规定。

二、列明法人企业和其他形式的市场主体在所得税方面享受的税收优惠政策。

（一）企业所得税的税收优惠政策。

（二）其他形式市场主体的税收优惠政策。

三、特殊业务的税收优惠。

考核评价

税收是国家强制取得财政收入所形成的一种特殊分配关系，依法纳税是每一个公民的法定义务。因此，这部分知识的学习不仅涉及企业的正常生产经营活动，而且直接影响企业的信誉。尤其是认缴制实施以后，企业的相关信息都会在"企业信用信息公示平台"上显示，形成所谓"一处违规处处受限"的情况，这就要求中小企业对税收事务予以充分重视。这部分考核应更关注对于知识的熟悉程度和实际运用能力，见表9-2。

表9-2 中小企业涉及的主要税种及税收优惠政策学习考核评价表

考核内容		分值（分）	得分
知识掌握程度 50分	增值税	20	
	所得税	20	
	其他税种	10	
税收优惠政策 50分	增值税	15	
	所得税	15	
	特殊业务	20	
合　计		100	

思考与练习

1.中小企业会涉及哪些纳税项目？

2.为什么说增值税是一种价外税？增值税是由谁负担的？

3.国家征收消费税的目的是什么？

4.当中小企业采用不同的法律形式时其所得税有何不同？

5.国家对于中小企业在增值税和所得税上有哪些减免措施？

项目十　中小企业财务报表及分析

项目目标

中小企业经营者需要通过报表了解企业整体经营状况、做出科学的生产经营决策，外部投资者需要通过报表了解企业的盈利能力做出是否投资的决策，供应商需要根据企业的偿债能力做出赊销与否的决策，国家有关部门需要通过报表分析企业的纳税状况。财务报表将企业自身的经营情况和诸多的利益相关者连接起来，起到了桥梁的作用。

通过本项目的学习，应该：

第一，了解中小企业需要编制的财务报表的种类；

第二，知晓利润表和资产负债表编制的基本原理；

第三，熟悉报表的分析方法，能够分析企业的经营和财务状况。

项目任务

赵总是一个地板销售企业的负责人，门店开业已经有一年多的时间。企业有一个专职的会计负责账务处理和报表编制的基本工作，每个月会计都会把企业的报表准时呈给赵总，也会及时申报纳税。不过，这些数字对于没学过财务基本知识的赵总来说无疑跟天书一般。令他非常不理解的是，企业一直在做市场推广，每次不但和卖场一起搞促销活动，而且门店还专门做过很多宣传；从销售收入上看，好像一直呈上升趋势，可是为啥企业就是不赚钱呢？经营一段时间以来，赵总非但没有从企业经营中分享到创业的利润，而且基本处于一直贴钱（继续追加投资）的状态。

请你通过学习，帮助赵总做好以下工作：

第一，掌握中小企业需要编制的报表种类；

第二，分析会计编制的利润表和资产负债表是否完全符合企业管理的要求；

第三，告诉赵总应该如何来阅读报表，即如何做报表分析；

第四，请你站在专业的角度给赵总讲解一下报表各个项目的含义及其数据来源，以解开赵总心中的疑惑。

|导引案例|

造假近900亿元，康美药业财务造假案宣判

2018年，彼时的医药白马股康美药业财务造假一案震惊全国，累计虚增货币资金886亿元，是A股史上最大规模的财务造假案。

2021年11月17日，广东省佛山市中级人民法院对康美药业原董事长、总经理马兴田等12人操纵证券市场案公开宣判。马兴田因操纵证券市场罪、违规披露、不披露重要信息罪以及单位行贿罪数罪并罚，被判处的还有康美药业原副董事长、常务副总经理许冬瑾及其他责任人员11人，其因参与相关证券犯罪被分别判处有期徒刑并处罚金。

公开资料显示，马兴田，男，汉族，出生于1969年，广东普宁人；澳门科技大学工商管理专业毕业，曾任康美药业股份有限公司董事长兼总经理。2018年10月，马兴田家族以410亿元财富排名2018年胡润百富榜第52位。

康美药业于2002年上市，在巅峰时期市值接近1 400亿元，稳坐医药板块的第二把交椅。而从巅峰到坠落，只有短短几个月的时间。2018年4月29日，康美药业发布了一份《关于前期会计差错更正的公告》。公告几乎将2017年财报结果推翻，即对2017年年报中包括货币资金、存货、营收等14项进行会计错误更正，尤其夸张的是2017年货币资金多计算了299亿元。这份公告一出，就引起了多方关注，如此数额巨大的财务造假在A股市场上也是罕见。

2018年12月，因涉嫌信息披露违法违规，康美被证监会立案调查，财务造假事件开始败露。2019年5月17日，中国证监会发布调查进展，称康美药业披露的2016—2018年财务报告存在重大虚假，其中2016年虚增货币资金225.8亿元，2017年虚增299.4亿元，2018年虚增361.9亿元，如此之大的造假力度也使康美成为A股史上最大规模的财务造假案。

2020年5月，证监会下达行政处罚决定，行政处罚中指出，康美药业《2016年年度报告》虚增货币资金225亿元；《2017年年度报告》虚增货币资金299亿元；《2018年半年度报告》虚增货币资金362亿元，累计虚增货币资金886亿元。公司还未按规定披露控股股东及其关联方累计非经营性占用116.19亿元的关联交易。*ST康美及21名责任高管因此遭罚款595万元，马兴田、许冬瑾、邱锡伟被终身证券市场禁入，庄义清、温少生、马焕洲被10年证券市场禁入。

2021年11月12日，广州市中级人民法院对全国首例证券集体诉讼案做出一审判决，责令康美药业股份有限公司因年报等虚假陈述侵权赔偿证券投资者损失24.59亿元，原董事长、总经理马兴田及5名直接责任人员、正中珠江会计师事务所及直接责任人员承担全部连带赔偿责任，13名相关责任

人员按过错程度承担部分连带赔偿责任。

证监会有关部门负责人以答记者问的形式表示，*ST 康美连续 3 年财务造假，涉案金额巨大，持续时间长，性质特别严重，社会影响恶劣，严重损害了投资者的合法权益；作为投资者保护机构，中证中小投资者服务中心响应市场呼声，依法接受投资者委托，作为代表人参加 *ST 康美代表人诉讼，为投资者争取最大权益；下一步，证监会将在全面总结首单案件经验的基础上，推动完善代表人诉讼制度机制，支持投资者保护机构，进一步优化案件评估、决策、实施流程，依法推进特别代表人诉讼常态化开展。

继因年报等虚假陈述民事侵权证券集体诉讼案被责令巨额赔偿后，康美药业原董事长马兴田等人又因操纵证券市场和违规披露、不披露重要信息等犯罪被追究刑事责任。两案的审判持续释放了依法从严打击证券违法活动、坚决维护资本市场深化改革和健康发展的强烈信号。

资料来源：佚名. 造假近 900 亿，A 股史上最大财务造假案宣判：原董事长被判 12 年，身家曾超 400 亿 [EB/OL]. [2021-11-17]. https://www.163.com/dy/article/GP0UU3GV0512B07B.html.

案例解析：

及时准确地编制并披露财务报表，是每一家上市公司的应尽义务，是维护资本市场正常运行的根本保障。通过财务造假的方式谋取私利，也许在一段时间内不会被发现，但时间这个公正的法官一定会洗净所有的黑暗，使事情真相大白于天下，造假者也必然会受到法律的惩处。企业财务人员一定要培养诚信为本、操守为重、坚持准则、不做假账的会计精神；提供真实准确的财务报表，坚决对虚假信息说"不"，实现会计信息的资源配置功能。

【案例笔记】

■学会将人生财富放入会计等式，衡量自己对社会的净贡献。

■建设自己的人生银行，有能力时多往银行存入时间和爱。

■形成流程思维和整合意识。做事情要有流程，要善于将零散信息整合成有用的知识。

■培养以事实为依据、用证据说话的思维方式。

■树立合理分配利润的意识和共同富裕的理念。

■综合运用所学知识，学习编制人生报表，并通过报表分析，做出相关的判断和决策。

■财务报表是会计工作的最终产品，是利益相关者了解企业经营信息的主要载体，会计信息具有社会属性和经济后果。

任务一　中小企业需要编制哪些财务报表？

任务分析

企业作为市场经济的主体，需要按照相应法律、法规的规定进行会计核算，提供会计报表。通过对教材的阅读和对中小企业的调查，需要明晰以下事项：

第一，企业编制财务报表的原因是什么，报表能够给利益相关者提供哪些信息？

第二，企业需要对外编制哪些财务报表？

第三，企业需要编制哪些管理用的报表？

相关知识

一、财务报表的作用

财务报表是指企业对外提供的反映企业某一特定日期的财务状况和某一会计期间的经营成果、现金流量等会计信息的文件。

财务报表对改善企业外部有关方面的经济决策环境和加强企业内部经营管理具有重要作用。其具体包括以下三个方面：

向企业利益相关者提供相关的会计信息。企业提供的财务报告中含有丰富的会计信息，如资产、负债、所有者权益、收入、费用、利润等各种会计指标，这些指标对企业利害关系集团，特别是投资者、债权人从整体上了解企业的财务状况和经营成果发挥着其他书面文件所不可替代的作用，是利益相关者进行科学决策的主要依据。

为实施内部控制和会计监督提供依据。财务报告提供的经济指标，为企业所有者、经营者、债权人和国家职能部门对企业进行控制和监督提供依据。所有者可利用财务报告的有关信息对企业实施控制及监督；经营者可利用财务报告检查经营成果的实现情况；债权人可利用财务报告监督企业借入资金的使用情况，掌握企业偿债能力；国家可利用企业财务报告提供的信息进行宏观经济管理，制定合理的经济政策。

有利于评价企业业绩。财务报告有利于企业所有者和管理者评价经营业绩，改善经营管理，寻找提高经济效益的途径和方法。通过财务报告所提供的指标，不仅有利于各方进行科学、合理的决策，同时也有利于评价企业经营的业绩，并在此基础上找出问题，分析原因，促进企业生产经营管理的改善，寻找出提高企业经济效益的途径和方法。

二、财务报表的种类

财务报告可按不同的标准进行分类，常见的财务报告分类主要有以下几种：

（一）按财务报告反映的经济内容分类

企业财务报告按反映经济内容的不同，可分为资产负债表、利润表、所有者权益（股东权益）变动表、现金流量表和附注等。资产负债表是反映会计主体在一定日期财务状况的报表；利润表是揭示企业实现的收入、成本费用的耗费和利润形成情况的报表；所有者权益变动表是反映企业在一定期间内构成所有者权益的各组成部分增减变动情况的报表；现金流量表是揭示企业在一定期间内现金流入、现金流出及投资与筹资活动方面信息的会计报表。

（二）按财务报告编制时间分类

企业的财务报告按编制时间的不同，可分为月报、季报、半年报和年报。月度报表是会计主体在月份终了编制的会计报表，如资产负债表和利润表等；季度报表是会计主体在季度终了利用相关资料编制的会计报表，它介于月度报表与半年报表之间；半年报表是每个会计年度的前6个月结束后编制的会计报表；年度报表是会计主体在年度终了后编制的报表，如资产负债表、利润表、现金流量表等。一般来说，月度报表简明扼要，反映及时；年度报表综合详细，反映全面；季度报表和半年报表介于两者之间。

（三）按财务报告报送对象分类

企业的财务报告按报送对象的不同，可分为对外报表和对内报表。对外报表是会计主体按照有关法律、法规编制的对外公开报送的会计报表，如资产负债表、利润表、所有者权益变动表、现金流量表等。对内报表是会计主体根据自己单位需要编制的会计报表，这些会计报表往往仅限于会计主体内部使用，如销售分析表、成本分析表、经营费用表等。

三、内部报表的编制及使用

其主要包括销售分析表、成本分析表、经营费用分析表等的编制及使用。

（一）销售分析表

对于产品或服务的销售，可以基于不同产品或服务的品种进行分析，也可以基于不同客户进行分析，还可以同时进行同比或环比分析，由此可以编制不同内容的销售分析表。

1.基于不同产品或服务品种的分析报表

报表的内容和编制方法见项目五任务三部分的介绍，此处不再赘述。

2.基于不同客户进行分析的报表

基于不同客户的分析可以借助表10-1或通过柱状图的方式进行。

表10-1　　　　　　　　　　不同客户的销售和毛利情况表

项目	计划销售		实际销售		回款百分比	毛利率	
	收入	占比	收入	占比		计划	实际
甲客户							
乙客户							
丙客户							
合计							

3.基于不同市场进行分析的报表

不同产品或服务在不同市场的毛利也会有所不同，中小企业应对此有所了解，以便了解不同客户的"画像"，制定有针对性的销售策略。基于不同市场的分析方法同上，此处不再赘述。

（二）成本分析表

通过成本分析表，中小企业可以将成本管理与技术管理相结合，分析成本升降的具体原因，寻求降低成本的途径和方法。制造企业通过全部产品生产成本表和主要产品单位成本表可以反映企业为生产一定种类和数量的产品所发生的生产费用水平及其构成情况，并与计划数、上年实际数、企业历史最优水平或同行业同类产品先进水平相比较，以反映产品成本的变动情况和趋势。制造企业的成本分析较为复杂，可以通过"拓展阅读"的内容进行学习。

（三）经营费用分析表

经营费用分析的主要内容是将企业在一定时期内各种费用的发生额及其构成情况与计划（或预算）数及上期实际数进行对比，反映各项支出的变动情况及变动趋势。中小企业可以对制造费用明细表、管理费用明细表、销售费用明细表和财务费用明细表等进行详细分析，判断企业经营费用的开支情况。

1.经营费用变化趋势分析

进行经营费用增减变动情况分析时，首先，需要计算各项费用具体项目的构成情况，以判断各项费用中应重点关注的费用项目。其次，可以根据各种费用明细表中的资料，将本期实际数与上期实际数进行对比，揭示本期实际与上期实际之间的增减变化，以便从动态上观察、比较各项费用，特别是一些主要的、重点的费用项目的变动情况和变动趋势。在进行分析时应注意前后期费用指标的口径是否一致，如果不一致，应按照基期或报告期的口径进行调整，调整后再进行比较分析。再次，在对管理费用、财务费用和销售费用进行分析时，还应注意对于变动费用项目，应联系业务量的变动，计算相对的节约或超支；对于固定费用项目，可以用实际数与基数相比较，直接确定其绝对差异，即节约或超支；对于某些支出和损失项目，应结合其抵消数进行分析。这样，通过上述分析，应促使企业不断总结经验，改进企业的生产经营管理，有效控制各种费用支出，最终提高企业的经济效益。

下面以销售费用为例阐述各项目增减变动情况的分析方法。分析资料见表10-2。

表10-2　　　　　　　　销售费用各项目增减变动情况分析表　　　　金额单位：元

项　　目	上期实际数	本期实际数	本期比上期		各项目占总体比重（％）	
			增减金额	变动率（％）	上期数	实际数
运输费						
装卸费						
包装费						
折旧费						
修理费						
办公费						
保险费						
广告费						
展览费						
租赁费						
物料消耗						
专设销售机构经费						
其他						
销售费用合计						

2.经营费用计划完成情况分析

对于编制经营费用计划的企业，可以将"上期实际数"改为"本期计划数"，以此分析各成本费用项目的计划完成情况，找出例外项目和偏差金额大的项目进行重点管理。

任务实施

通过本部分知识的学习，以及对 2～3 家企业的调研，完成以下任务：

一、阐述财务报表的作用。

拓展阅读10-1
其他成本报表
及成本分析

二、企业需要对外编报的财务报表的种类及其编制时间。

三、企业需要编制的内部管理用的报表及其编制时间。

任务二　如何编制企业的财务报表？

任务分析

　　财务报表，是对企业财务状况、经营成果和现金流量的结构性表述。小企业的财务报表至少应当包括下列组成部分：资产负债表、利润表、现金流量表和附注。学习过程中，需要将所学知识和企业实际相结合，了解报表编制的基本原理，并且能够编制企业报表。
　　第一，了解报表编制的基本原理；
　　第二，阅读被调查企业的财务报表，了解报表项目的数据来源；
　　第三，能够编制利润表、资产负债表；
　　第四，熟悉报表附注需要披露的信息内容。

相关知识

一、利润表

利润表是用来反映企业在某一会计期间的经营成果的财务报表。该表是根据"收入 – 费用 = 利润"的会计等式，按营业利润、利润总额、净利润的顺序编制而成的，是一个时期的、动态的报表。

（一）利润表的格式

按照我国企业会计准则的规定，企业应当编制多步式利润表。按顺序分别计算营业利润、利润总额和净利润的金额。

简单的多步式利润表的格式见表10-3。

表10-3　　　　　　　　　　　　利润表（简表）　　　　　　　　　　会企02表

编制单位：　　　　　　　　　　年　　月　　　　　　　　　　　单位：元

项目	本年累计金额	本月金额
一、营业收入		
减：营业成本		
税金及附加		
销售费用		
管理费用		
研发费用		
财务费用		
加：其他收益		
投资收益（损失以"–"号填列）		
信用减值损失（损失以"–"号填列）		
资产减值损失（损失以"–"号填列）		
资产处置收益（损失以"–"号填列）		
二、营业利润（亏损以"–"号填列）		
加：营业外收入		
减：营业外支出		
三、利润总额（亏损总额以"–"号填列）		
减：所得税费用		
四、净利润（净亏损以"–"号填列）		

（二）利润表的编制

利润表各项目的填制方法如下。

1. "本年累计金额"栏反映各项目自年初起至报告期末止的累计实际发生额。"本月金额"栏反映各项目的本月实际发生额；在编报年度财务报表时，应将"本月金额"栏改为"上期金额"栏，填列上年全年实际发生额。"上期金额"栏内各项数字根据上年利润表"本期金额"栏内所列数字填列。

2. 利润表本月金额栏的填报方法。

"营业收入"项目，反映企业经营主要业务和其他业务所确认的收入总额。

"营业成本"项目，反映企业经营主要业务和其他业务所发生的成本总额。

"税金及附加"项目，反映企业经营业务应负担的消费税、城市维护建设税、资源税、教育费附加及房产税、城镇土地使用税、印花税等相关税费。

"销售费用"项目，反映企业在销售商品过程中发生的包装费、广告费等费用和为销售本企业商品而专设的销售机构的职工薪酬、业务费等经营费用。

"管理费用"项目，反映企业为组织和管理生产经营发生的管理费用。

"研发费用"项目，反映企业进行研究与开发过程中发生的费用化支出，以及计入管理费用的自行开发无形资产的摊销。该项目应根据"管理费用"科目下的"研发费用"明细科目的发生额，以及"管理费用"科目下的"无形资产摊销"明细科目的发生额分析填列。

"财务费用"项目，反映企业筹集生产经营所需资金等而发生的筹资费用。

"其他收益"项目，反映计入其他收益的政府补助等。该项目应根据在损益类科目新设置的"其他收益"科目的发生额分析填列。

"投资收益"项目反映企业对外投资所确认的投资收益或投资损失。

"信用减值损失"项目，反映企业计提的各项金融工具信用减值准备所确认的信用损失。该项目应根据"信用减值损失"科目的发生额分析填列。

"资产减值损失"项目，反映企业确认的除信用减值损失之外的资产减值损失。该项目应根据"资产减值损失"科目的发生额分析填列。

"资产处置收益"项目，反映企业出售划分为持有待售的非流动资产（金融工具、长期股权投资和投资性房地产除外）或处置组时确认的处置利得或损失，以及处置未划分为持有待售的固定资产、在建工程、生产性生物资产及无形资产而产生的处置利得或损失。

"营业利润"项目，反映企业实现的营业利润。如为亏损，本项目以"-"号填列。

"营业外收入"项目，反映企业发生的与经营业务无直接关系的各项收入和利得。本项目应根据"营业外收入"科目的发生额分析填列。

"营业外支出"项目，反映企业发生的与经营业务无直接关系的各项支出和损失。本项目应根据"营业外支出"科目的发生额分析填列。

"利润总额"项目，反映企业实现的利润。如为亏损，本项目以"–"号填列。

"所得税费用"项目，反映按照《企业所得税法》的规定应从当期利润总额中扣除的所得税费用。本项目应根据"所得税费用"科目的发生额分析填列。

"净利润"项目，反映企业实现的净利润。如为净亏损，本项目以"–"号填列。

例 10.1

金立公司20×2年8月实现的销售收入为162 905.99元，营业成本为70 692.30元，税金及附加为784.65元，销售费用为19 890元，管理费用为40 607.88元，财务费用为8元；没有其他收益和营业外收支项目，所得税税率为25%。

要求：编制该企业20×2年8月的利润表。

分析：自2021年1月1日起对年应纳税所得额100万元以下，符合《中华人民共和国企业所得税法》及其实施条例以及相关税收政策规定的小型微利企业，其所得减按12.5%计入应纳税所得额，按20%的税率缴纳企业所得税。所以，企业的所得税费用可以按照该政策执行，年终再进行汇算清缴。编制的利润表（简表）见表10-4。

表10-4　　　　　　　　　利润表（简表）　　　　　　　会企02表
编制单位：金立公司　　　　　　20×2年8月　　　　　　　　单位：元

项目	本年累计金额	本月金额
一、营业收入	略	162 905.99
减：营业成本		70 692.30
税金及附加		784.65
销售费用		19 890.00
管理费用		40 607.88
财务费用		8.00
加：其他收益		0
投资收益（损失以"–"号填列）		0
资产处置收益（损失以"–"号填列）		0
二、营业利润（亏损以"–"号填列）		30 923.16
加：营业外收入		0
减：营业外支出		0
三、利润总额（亏损总额以"–"号填列）		30 923.16
减：所得税费用		773.08
四、净利润（净亏损以"–"号填列）		30 150.08

二、资产负债表

资产负债表是总括反映企业在某一特定日期全部资产、负债和所有者权益状况的报表。资产负债表是根据"资产 = 负债+所有者权益"这一会计基本等式，依照流动资产和非流动资产、流动负债和非流动负债、所有者权益大类列示，并按照一定要求编制的，一张时点的、静态的会计报表。

（一）资产负债表的格式

根据财务报表列报准则的规定，资产负债表采用账户式的格式。简单的资产负债表的格式见表10-5。

表10-5　　　　　　　　　　资产负债表（简表）　　　　　　　　　会企01表

编制单位：　　　　　　　　　　　年　月　日　　　　　　　　　　单位：元

资产	期末余额	上年年末余额	负债和所有者权益	期末余额	上年年末余额
流动资产：			流动负债：		
货币资金			短期借款		
应收票据			应付票据		
应收账款			应付账款		
预付款项			预收款项		
其他应收款			应付职工薪酬		
存货			应交税费		
一年内到期的非流动资产			其他应付款		
其他流动资产			一年内到期的非流动负债		
流动资产合计			其他流动负债		
非流动资产：			流动负债合计		
长期应收款			非流动负债：		
长期股权投资			长期借款		
固定资产			其他非流动负债		
在建工程			非流动负债合计		
无形资产			负债合计		
其他非流动资产			所有者权益：		
非流动资产合计			实收资本		
			资本公积		
			其他综合收益		
			盈余公积		
			未分配利润		
			所有者权益合计		
资产总计			负债和所有者权益总计		

（二）资产负债表的编制

资产负债表中各项目的填报方法如下所述：

1．"上年年末余额"栏内各项数字，应根据上年年末资产负债表"期末余额"栏内所列数字填列。

2．"期末余额"各项目的内容和填列方法如下：

（1）资产类项目的填报方法及内容

"货币资金"项目，反映企业"库存现金""银行存款""其他货币资金"①的合计。

"应收票据"项目，反映企业因销售商品、提供劳务等经营活动应收取的商业汇票，包括银行承兑汇票和商业承兑汇票。

"应收账款"项目，反映企业因销售商品、提供劳务等经营活动应收取的款项。

"预付款项"项目，反映企业按照购货合同规定预付给供应单位的款项等。

"其他应收款"项目，反映企业除应收账款、预付账款等经营活动以外的其他各种应收、暂付的款项。

"存货"项目，反映企业期末在库、在途和在加工中的各种存货的可变现净值②，包括原材料、库存商品等的价值。

"一年内到期的非流动资产"项目，反映企业将于一年内到期的非流动资产项目金额。

"其他流动资产"项目，反映企业除货币资金、应收票据及应收账款、预付款项、其他应收款、存货等流动资产以外的其他流动资产。

"长期应收款"项目，反映企业融资租赁产生的应收款项、采用递延方式具有融资性质的商品销售和提供劳务等产生的长期应收款项等。

"长期股权投资"项目，反映企业持有的对子公司、联营企业和合营企业的长期股权投资。

"固定资产"项目，反映企业各种固定资产原价减去累计折旧和累计减值准备后的净额。

"在建工程"项目，反映企业期末各项未完工程的实际支出，包括交付安装的设备价值，未完建筑安装工程已经耗用的材料、工资和费用支出，预付出包工程的价款等的可收回金额。

"无形资产"项目，反映企业持有的无形资产，包括专利权、非专利技术、商标权、著作权、土地使用权等。

---

　　①　见现金流量表部分的解释。

　　②　可变现净值是指在正常生产经营过程中，以预计售价减去进一步加工成本和预计销售费用以及相关税费后的净值。

"其他非流动资产"项目，反映企业除长期股权投资、固定资产、在建工程、无形资产等资产以外的其他非流动资产。

（2）负债类项目的填报方法及内容

"短期借款"项目，反映企业向银行或其他金融机构等借入的期限在一年以下（含一年）的各种借款。

"应付票据"项目，反映企业因购买材料、商品和接受劳务供应等经营活动开出、承兑的商业汇票，包括银行承兑汇票和商业承兑汇票。

"应付账款"项目，反映企业因购买材料、商品和接受劳务供应等经营活动应支付的款项。

"预收款项"项目，反映企业按照销货合同规定预收购货单位的款项。

"应付职工薪酬"项目，反映企业根据有关规定应付给职工的工资、职工福利、社会保险费、住房公积金、工会经费、职工教育经费、非货币性福利、辞退福利等各种薪酬。

"应交税费"项目，反映企业按照税法规定计算应交纳的各种税费，包括增值税、消费税、所得税、资源税、土地增值税、城市维护建设税、房产税、城镇土地使用税、教育费附加等。

"其他应付款"项目，反映企业除应付票据及应付账款、预收款项、应付职工薪酬、应交税费等经营活动以外的其他各项应付、暂收的款项。

"一年内到期的非流动负债"项目，反映企业非流动负债中将于资产负债表日后一年内到期部分的金额，如将于一年内偿还的长期借款。

"其他流动负债"项目，反映企业除短期借款、交易性金融负债、应付票据、应付账款、应付职工薪酬、应交税费等流动负债以外的其他流动负债。

"长期借款"项目，反映企业向银行或其他金融机构借入的期限在一年以上（不含一年）的各项借款。

"其他非流动负债"项目，反映企业除长期借款、应付债券等负债以外的其他非流动负债。

（3）所有者权益类项目的填报方法及内容

"实收资本"项目，反映企业各投资者实际投入的资本（或股本）总额。

"资本公积"项目，反映企业资本公积①的期末余额。

"其他综合收益"是企业根据会计准则规定未能在当期损益中确认的各项利得和损失。

"盈余公积"项目，反映企业盈余公积②的期末余额。

---

① 资本公积是企业收到投资者出资额超出其在注册资本或股本中所占份额的部分。
② 盈余公积是企业从净利润中提取的盈余公积。其等于企业按照法律规定从净利润中提取的法定盈余公积和按照股东会意见提取的任意盈余公积之和。

"未分配利润"项目，反映企业尚未分配的利润。

三、现金流量表

现金流量表是反映企业在一定会计期间现金和现金等价物流入和流出的报表。现金流量表是沟通资产负债表与利润表的桥梁，弥补了这两种会计报表的不足，向报表使用者提供了企业财务状况变动原因及经营活动中产生的现金及其等价物的信息，从而有助于使用者做出正确决策。

（一）现金流量表的编制基础

现金流量表应当按照经营活动、投资活动和筹资活动分别反映，根据现金流入和现金流出的总额列报。

对于中小企业来说，现金是指企业库存现金以及可以随时用于支付的银行存款和其他货币资金。库存现金是指企业持有的可随时用于支付的现金，与"库存现金"账户的核算内容一致；银行存款是指企业存在金融企业中随时可以用于支付的存款，与"银行存款"账户核算的内容一致；其他货币资金是指企业存在金融企业有特定用途的资金，如外埠存款、银行汇票存款、银行本票存款、信用证保证金存款、信用卡存款等，与"其他货币资金"账户核算的内容一致。

（二）现金流量的分类

根据企业业务活动的性质和现金流量的来源，现金流量表准则将企业一定期间产生的现金流量分为三类：经营活动产生的现金流量、投资活动产生的现金流量与筹资活动产生的现金流量。

1.经营活动产生的现金流量

经营活动是指企业发生的投资活动和筹资活动以外的所有交易和事项。对工商企业而言，主要包括销售商品或提供劳务、经营性租赁、购买货物、接受劳务、制造产品、广告宣传、推销产品、缴纳税款等。

2.投资活动产生的现金流量

投资活动是指企业固定资产、无形资产、其他非流动资产的购建和短期投资、长期债券投资、长期股权投资及其处置活动。

3.筹资活动产生的现金流量

筹资活动是指导致企业资本及债务规模和构成发生变化的活动，包括吸收投资、发行股票、分配利润等。资本既包括实收资本（股本），也包括资本溢价（股本溢价）；债务指企业的对外举债，如向银行借款、发行债券及偿还债务等。

对于企业日常活动之外不经常发生的特殊项目，如自然灾害损失、保险赔款、捐赠等，应当归并到现金流量表的相关类别中，并单独反映。

（三）现金流量表的格式

现金流量表的格式，参见表10-6。

表10-6　　　　　　　　　　　现金流量表　　　　　　　　　会企03表

编制单位：　　　　　　　　　　年　月　　　　　　　　　　单位：元

项目	本年累计金额	本月金额
一、经营活动产生的现金流量：		
销售商品、提供劳务收到的现金		
收到的税费返还		
收到其他与经营活动有关的现金		
经营活动现金流入小计		
购买商品、接受劳务支付的现金		
支付给职工以及为职工支付的现金		
支付的各项税费		
支付其他与经营活动有关的现金		
经营活动现金流出小计		
经营活动产生的现金流量净额		
二、投资活动产生的现金流量：		
收回投资收到的现金		
取得投资收益收到的现金		
处置固定资产、无形资产和其他长期资产收回的现金净额		
处置子公司及其他营业单位收到的现金净额		
收到其他与投资活动有关的现金		
投资活动现金流入小计		
购建固定资产、无形资产和其他长期资产支付的现金		
投资支付的现金		
取得子公司及其他营业单位支付的现金净额		
支付其他与投资活动有关的现金		
投资活动现金流出小计		

续表

项目	本年累计金额	本月金额
投资活动产生的现金流量净额		
三、筹资活动产生的现金流量：		
吸收投资收到的现金		
取得借款收到的现金		
收到其他与筹资活动有关的现金		
筹资活动现金流入小计		
偿还债务支付的现金		
分配股利、利润或偿还利息支付的现金		
支付其他与筹资活动有关的现金		
筹资活动现金流出小计		
筹资活动产生的现金流量净额		
四、汇率变动对现金及现金等价物的影响		
五、现金及现金等价物净增加额		
加：期初现金及现金等价物余额		
六、期末现金及现金等价物余额		

（四）现金流量表的编制

现金流量表各项目的填制方法如下：

1."本年累计金额"栏反映各项目自年初起至报告期末止的累计实际发生额。"本月金额"栏反映各项目的本月实际发生额；在编报年度财务报表时，应将"本月金额"栏改为"上期金额"栏，填列上年全年实际发生额。

2.本表各项目的内容及填列方法如下：

（1）经营活动产生的现金流量

"销售商品、提供劳务收到的现金"项目，反映企业本期销售商品、提供劳务收到的现金。本项目可以根据"库存现金"、"银行存款"和"主营业务收入"等科目的本期发生额分析填列。

"收到的税费返还"项目，反映企业收到返还的增值税、所得税、消费税、关税和教育费附加返还款等各种税费。

"收到其他与经营活动有关的现金"项目，反映企业本期收到的其他与经营活动有关的现金。本项目可以根据"库存现金"和"银行存款"等科目的本期发生额分析填列。

"购买商品、接受劳务支付的现金"项目，反映企业本期购买商品、接受劳务支付的现金。本项目可以根据"库存现金""银行存款""其他货币资金""原材料""库存商品"等科目的本期发生额分析填列。

"支付给职工以及为职工支付的现金"项目，反映企业本期向职工支付的薪酬。本项目可以根据"库存现金""银行存款""应付职工薪酬"科目的本期发生额填列。

"支付的各项税费"项目，反映企业本期支付的税费。本项目可以根据"库存现金""银行存款""应交税费"等科目的本期发生额填列。

"支付其他与经营活动有关的现金"项目，反映企业本期支付的其他与经营活动有关的现金。本项目可以根据"库存现金""银行存款"等科目的本期发生额分析填列。

（2）投资活动产生的现金流量

"收回投资收到的现金"项目，反映企业出售、转让或到期收回短期投资、长期股权投资而收到的现金，以及收回长期债券投资本金而收到的现金，不包括长期债券投资收回的利息。本项目可以根据"库存现金""银行存款""短期投资""长期股权投资"等科目的本期发生额分析填列。

"取得投资收益收到的现金"项目，反映企业因权益性投资和债权性投资取得的现金股利或利润和利息收入。本项目可以根据"库存现金""银行存款""投资收益"等科目的本期发生额分析填列。

"处置固定资产、无形资产和其他长期资产收回的现金净额"项目，反映企业处置固定资产、无形资产和其他长期资产取得的现金，减去为处置这些资产而支付的有关税费等后的净额。本项目可以根据"库存现金""银行存款""固定资产清理""无形资产""生产性生物资产"等科目的本期发生额分析填列。

"购建固定资产、无形资产和其他长期资产支付的现金"项目，反映企业购建固定资产、无形资产和其他长期资产支付的现金。不包括为购建固定资产、无形资产和其他长期资产而发生的借款费用资本化部分和支付给在建工程和无形资产开发项目人员的薪酬。本项目可以根据"库存现金""银行存款""固定资产""在建工程""无形资产""研发支出""生产性生物资产""应付职工薪酬"等科目的本期发生额分析填列。

"投资支付的现金"项目，反映企业进行权益性投资和债权性投资支付的现金。其包括企业取得短期股票投资、短期债券投资、短期基金投资、长期债券投资、长期股权投资支付的现金。本项目可以根据"库存现金""银行存款""短期投资""长期股权投资"等科目的本期发生额分析填列。

（3）筹资活动产生的现金流量

"吸收投资收到的现金"项目，反映企业收到的投资者作为资本投入的现金。本项目可以根据"库存现金""银行存款""实收资本""资本公积"等科目的本期发生额分析填列。

"取得借款收到的现金"项目，反映企业举借各种短期、长期借款收到的现金。本项目可以根据"库存现金""银行存款""短期借款""长期借款"等科目的本期发生额分析填列。

"偿还债务支付的现金"项目，反映企业以现金偿还各种短期、长期借款的本金。本项目可以根据"库存现金""银行存款""短期借款""长期借款"等科目的本期发生额分析填列。

"分配股利、利润或偿还利息支付的现金"项目，反映企业以现金向投资者实际支付的利润，以及偿还各种短期、长期借款的利息。本项目可以根据"库存现金""银行存款""应付利润""应付利息"等科目的本期发生额分析填列。

四、报表附注

附注是财务报表不可或缺的组成部分，是对在资产负债表、利润表、现金流量表等报表中列示项目的文字描述或明细资料，以及对未能在这些报表中列示项目的说明等。

附注应当按照如下顺序披露有关内容：

（一）企业的基本情况

企业的基本情况包括：企业注册地、组织形式和总部地址；企业的业务性质和主要经营活动，如企业所处的行业、所提供的主要产品或服务、客户的性质、销售策略、监管环境的性质等。

（二）财务报表的编制基础

企业应当披露财务报表的编制基础。

（三）遵循企业会计准则的声明

企业应当声明编制的财务报表符合企业会计准则的要求，真实、完整地反映了企业的财务状况、经营成果和现金流量等有关信息，以此明确企业编制财务报表所依据的制度基础。

（四）重要会计政策和会计估计

根据财务报表列报准则的规定，企业应当披露采用的重要会计政策和会计估计，不重要的会计政策和会计估计可以不披露。

会计政策，是指企业在会计确认、计量和报告中所采用的原则、基础和会计处理方法。重要会计政策的说明包括会计报表项目的计量基础和会计政策的确定依据等。

会计估计通常包括企业执行的会计制度、会计期间、记账原则和计价基础、固定资产折旧的计提方法、利润分配政策等。

（五）会计政策和会计估计变更以及差错更正的说明

当会计政策和会计估计发生变动或差错时，应在会计报表附注中说明其变更的内容和理由，影响数额及累计影响数额不能确定的原因等。

（六）重要报表项目的说明

企业应当尽可能以列表形式披露重要报表项目的构成或当期增减变动情况，对已在资产负债表、利润表、现金流量表和所有者权益变动表中列示的重要项目做进一步说明。

（七）或有和承诺事项、资产负债表日后事项和关联方关系及其交易等需要说明的其他事项

感兴趣的读者可以通过拓展阅读学习，此处不再赘述。

任务实施

拓展阅读10-2
现金流量表和
附注

报表是企业经营成果和财务状况以及现金流量状况的综合反映，是外界了解企业的桥梁，也是企业内部使用者全面了解企业现状和未来发展的主要依据。由于其综合性较强，因此需要在学习的过程中做好理论和实践的结合，通过学习完成以下任务：

一、利润表的结构及各报表项目的数据来源。

二、资产负债表的结构、编制原理及数据来源。

三、现金流量表的编制基础和现金流量的分类。

四、报表附注应该披露的信息内容。

任务三　如何进行财务报表分析？

相关分析|

中小企业的负责人或经营者，可以不会编制报表，但一定要能够分析报表，以全面了解企业的经营和财务状况，做出正确决策。通过本部分的学习，应该能够掌握报表分析的基础知识，并可以对企业的报表进行分析。具体来说，要求做到以下几点：

第一，了解报表分析的基本方法；

第二，能够对利润表和资产负债表进行项目分析；

第三，对企业报表的变化情况进行趋势分析；

第四，进行财务报表的比率分析。

相关知识|

一、财务报表分析的基本方法

财务报表分析是根据企业生产经营活动和财务管理活动的内在关系，以企业的财务报表和其他资料为依据和起点，采用专门的技术和方法，系统分析和评价企业过去和现在的财务状况、经营成果及其变动情况的过程。

财务分析的方法包括比较分析法、比率分析法等。

（一）比较分析法

比较分析法是将同一企业不同时期的经营状况、财务状况进行比较，或将不同企业之间的经营状况、财务状况进行比较，揭示其中差异的方法。比较分析法按照比较对象的不同可分为横向比较和纵向比较。

横向比较是将企业数据与行业整体水平或者主要竞争对手进行比较，发现企业在市场占有率、品牌影响力、经营战略等方面与其他企业的差异，或者发现企业在盈利水平、资产质量、现金流量管理等方面与其他企业的差异，从而发现有助于企业增强其核心竞争力的优势和可能会降低其核心竞争力的劣势。纵向比较法是企业自身不同时期数据的比较。可以运用趋势分析的方法，与本企业历史业绩指标进行比较，如不同时期（2~10年）的指标进行比较；也可以运用差异分析的方法，与本企业计划或预算比较。通过纵向比较法可以发现本企业在市场占有率、品牌影响力、经营成果等方面与历史时期或计划、预算之间的差异，从而发现企业在战略制定、战略执行、战略控制以及战略调整等过程中存在的问题，或者发现企业在盈利水平、资产质量、现金流量管理等方面与历史时期和计划预算之间的差异，以判断企业财务状况的发展趋势，发现财务管理过程中存在的问题。

（二）比率分析法

比率分析法是将企业同一时期财务报表中的相关项目进行对比，得出一系列财务比率，以此来揭示企业财务状况的分析方法。通常财务比率主要包括三大类：构成比率、效率比率和相关比率。构成比率是反映某项经济指标的各个组成部分与总体之间关系的财务比率，如流动资产占总资产的比率；效率比率是反映某项经济活动投入与产出之间关系的财务比率，如资产报酬率等；相关比率是反映经济活动中某两个或两个以上项目比值的财务比率，如流动比率、速动比率等，以考察各项经济活动之间的相互关系，揭示企业的财务状况。

二、利润表分析

利润表分析可以从结构变化和趋势变化两方面进行。

（一）利润表结构分析

利润表结构是指利润表中各内容要素金额之间的相互关系。利润表结构分析就是对这种关系进行分析，从而对企业整体的经营成果做出判断。

1.结构分析报表的编制。利润表结构分析一般以利润表中的某一关键项目为基数，其金额设为100或1，分别计算出其余项目的金额占关键项目的百分比，这个百分比表示项目的比重，通过比重对各项目做出判断和评价。

利润表通常以营业收入总额或利润总额为基数，来计算结构百分比。

结构百分比=某项指标值÷关键项目值×100%

例10.2

承例10.1。

要求：以营业收入为关键项目，进行利润表的结构分析。

分析：利润表的结构分析可以直接在利润表的右边加一列来显示各项目占营业收入的百分比，见表10-7。

表10-7   利润表的结构分析   金额单位：元

项目	本期金额	项目百分比
一、营业收入	162 905.99	100%
减：营业成本	70 692.30	43.39%
税金及附加	784.65	0.48%
销售费用	19 890	12.21%
管理费用	40 607.88	24.93%
财务费用	8	0
加：其他收益		
投资收益（损失以"–"号填列）		
资产处置收益（损失以"–"号填列）		
二、营业利润（亏损以"–"号填列）	30 923.16	18.98%
加：营业外收入		
减：营业外支出		
三、利润总额（亏损以"–"号填列）	30 923.16	18.98%
减：所得税费用	773.08	0.47%
四、净利润（净亏损以"–"号填列）	30 150.08	18.51%

通过利润表的结构分析可以看出各项目占营业收入的比重，找出那些对利润形成影响较大的项目进行重点管理。本例中，营业成本的比重最大，其次是管理费用。至于各项目的比重是否合理还需要将若干期的结构百分比资料放在一起，通过编制共同比利润表进行对比分析。

2.共同比利润表的编制。共同比利润表的格式见表10-8。

表10-8　　　　　　　　　　　　共同比利润表

项目	6月	7月	8月
一、营业收入	100%	100%	100%
减：营业成本			
税金及附加			
销售费用			
管理费用			
财务费用			
加：其他收益			
投资收益（损失以"-"号填列）			
资产处置收益（损失以"-"号填列）			
二、营业利润（亏损以"-"号填列）			
加：营业外收入			
减：营业外支出			
三、利润总额（亏损总额以"-"号填列）			
减：所得税费用			
四、净利润（净亏损以"-"号填列）			

　　通过共同比利润表可以看出各项目占关键指标百分比的变化情况，找出不利变化中变化比重大的项目进行详细分析；还要找出变化虽然不大，但是呈明显不利趋势的变化项目展开分析。对于以上项目要找出原因，制定出改进策略，尽可能降低企业成本。

　　（二）利润表趋势分析

　　利润表趋势分析就是采用比较的方法，以企业连续若干年经营成果的信息为分析对象，并观察其变动趋势。

　　趋势分析法是根据企业连续数期的财务报告，以第一年或另外选择某一年份为基期，计算每一期各项目对基期同一项目的趋势百分比，或计算趋势比例或指数，形成一系列具有可比性的百分数或指数，从而揭示当期经营成果的增减变化及发展趋势。对不同时期财务指标的比较，可以计算动态比例指标，依据采用的基期不同，所计算的动态指标比率有定基比趋势分析和环比趋势分析两种。

　　定基比趋势分析=分析期某指标数值÷固定基期某指标数值×100%

环比趋势分析=分析期某指标数值÷上一期某指标数值×100%

　　表10-9是以6月份为基期的定基比趋势分析表，可以看出6月份所有指标的比例均为100%，7月份和8月份的所有指标均需要计算其占6月份相应指标的比率，超过100%说明比基期增加，低于100%说明比基期下降。

表10-9　　　　　　　　　**以6月份为基期的定基比趋势分析表**

项目	6月	7月	8月
一、营业收入	100%		
减：营业成本	100%		
税金及附加	100%		
销售费用	100%		
管理费用	100%		
财务费用	100%		
加：其他收益	100%		
投资收益（损失以"–"号填列）	100%		
资产处置收益（损失以"–"号填列）	100%		
二、营业利润（亏损以"–"号填列）	100%		
加：营业外收入	100%		
减：营业外支出	100%		
三、利润总额（亏损以"–"号填列）	100%		
减：所得税费用	100%		
四、净利润（净亏损以"–"号填列）	100%		

　　环比趋势分析法略。

三、资产负债表分析

　　资产负债表分析可以从项目分析、结构分析和趋势分析三个方面进行。

　　（一）资产负债表项目分析

　　资产负债表项目分析是指分析资产负债表主要项目的合理性。对于中小企业的经营者来说，至少需要重点关注以下项目。

　　1.货币资金。

　　对货币资金进行分析，一是看货币资金的使用是否符合国家相关法律法规的规定；二是看货币资金的持有数量是否合适；三是注意与前期比较的同时，与同行业比较，并结合现金流量表进行分析，找到货币资金发生变动的原因，如销售规模变动、信用政策改变、为大笔资金支出做准备或者所筹集的资金尚未使用等。

通常情况下，货币资金持有量根据以下因素确定：

第一，企业规模。企业规模越大，业务量越多，货币资金的需求量就越大。

第二，行业特点。不同行业对货币资金的需求量不一样，如制造业对货币资金的需求量相对较小，商品流通企业相对较大。

第三，企业融资能力。融资能力较强时，就不必持有过多的货币资金。

第四，企业负债结构。如果企业持有较多的流动负债，就应该持有较多的货币资金。

货币资金发生变动的原因，可能是：

第一，销售规模的变动。一般来说销售规模增大会使货币资金相应增加，二者有一定的相关性。

第二，信用政策的变动。如果企业改变了收账政策，提高了现金销售的比例，即便是销售规模不变，货币资金也会增加。

第三，为大笔现金支出做准备。比如在生产经营过程中，准备偿还将要到期的大量借款或者集中采购时，往往会积累大量货币资金。

中小企业经营者应能够看懂库存现金和银行存款日记账，分析主要的资金来源和运用，做好现金流管理，保障资金不断流，尽可能规避财务风险。

2.应收款项。

这里主要指应收票据及应收账款。应收款项的起点是销售，终点是现金，应收款项分析应与销售和现金流分析联系起来。正常情况下销售额增加会引起应收款项增加，现金的存量和经营现金流量也会增加，如果一个企业应收款项日益增加，而销售和现金日益减少，则企业的营销政策可能已经出现问题，甚至变得比较可疑。

应收款项项目增长较快，所占比重较大时，应当分析其原因。一般来说应收款项增加的原因主要有三个：

一是销售引起的应收款项增加；

二是企业为扩大销售、适当放宽信用标准；

三是客户财务发生困难，拖延付款。

对应收款项进行分析应注意以下几点：

第一，销售规模的变动。一般来说，当销售规模发生变动时，会引起应收款项和货币资金同比增长。

第二，考察应收款项的质量。可以通过账龄分析、对债务人的构成分析、对形成债权的内部经手人构成分析来进行。对超过信用期的应收款项，应加强管理、适当催收；如果应收款项主要集中于小部分客户，则应注重对这一部分客户进行管理。

3.其他应收款。

其他应收款与营业收入产生的债权相比，其数额不应太大，所以，如果其他应收款的金额过大，则可能隐含企业的违规行为，应引起警惕。

4.存货。

存货过多会增加企业的成本和市场风险。

在进行存货分析时：

第一，应看会计政策变更对于存货的影响，如存货发出计价方法的变化对期末存货价值和营业成本的影响；

第二，需要对存货的物理质量进行分析，看看是否完好无损；

第三，做存货的时效状况分析，比如食品是否超过保质期，出版物的内容是否过期等等；

第四，要做存货的品种构成分析，看盈利产品占企业品种构成的比例和市场发展前景；

第五，做存货的日常管理分析，可以采用ABC管理法等对存货进行日常管理，只有恰当保持各项存货的比例和库存周期，存货才能及时实现销售。

5.固定资产。

固定资产项目的分析可以从以下角度进行：

第一，分析折旧方法变更对固定资产价值和企业利润的影响；

第二，分析固定资产的持有量是否符合行业的特点；

第三，分析固定资产的构成——生产经营用和非生产经营用的固定资产的比例变化，有没有未使用和不需用的固定资产，考察生产用固定资产内部的结构；

第四，分析固定资产增减变化的影响，从年度固定资产结构的变化与生产经营特点之间的吻合程度，对固定资产质量的变化做出判断。

6.应付款项。

这里主要指应付票据及应付账款。应付款项是因为商品交易产生的。其影响因素有：企业销售规模的变动，供应商信用政策的变化，企业资金的充裕程度等。一定数量的应付款项，会降低企业成本，使企业免费使用供应商的资金；但是对于应付款项的管理，应注重遵守与供应商之间的约定，在规定的信用期限内支付款项；同时分析现金折扣成本和收益之间的关系，做出科学决策。

（二）资产负债表结构分析

资产负债表结构是指资产负债表中各内容要素金额之间的相互关系。资产负债表结构分析就是对这种关系进行分析，从而对企业整体的财务状况做出判断。

资产负债表结构分析一般以资产负债表中的某一关键项目为基数，其金额设为100或1，分别计算出其余项目的金额占关键项目的百分比，这个百分比表示项目的比重，通过比重对各项目做出判断和评价。

资产负债表通常以资产总额为基数，来计算结构百分比。

结构百分比=某项指标值÷关键项目值×100%

通过资产负债表的结构分析可以看出各项目占资产总额的比重，找出那些变化较大的项目进行重点管理。至于各项目的比重是否合理还需要将若干期的结构百分比资料放在一起，通过编制共同比资产负债表进行对比分析。结构分析表和共同比资产负债表的格式类似于利润表部分，只是把各个项目换成资产负债表项目即可，此处不再赘述。

（三）资产负债表趋势分析

资产负债表趋势分析就是采用比较的方法，以企业连续若干年财务状况的信息为分析对象，并观察其变动趋势。与利润表的趋势分析法相同，也可以按照定基比趋势分析和环比趋势分析两种方式来编制。分析思路也与利润表趋势分析类似，此处不再赘述。感兴趣的读者可以自行学习"财务分析"课程的内容。

四、财务报表的比率分析

财务报表的比率分析主要是相关比率的分析，主要包括偿债能力、获利能力和营运能力分析三大类。

（一）偿债能力

偿债能力是企业用资产和经营过程中创造的收益清偿长、短期债务的能力。分析企业偿债能力的指标主要有流动比率、速动比率、现金比率、现金流量比率以及资产负债率、产权比率、已获利息倍数等。

1.流动比率

流动比率是流动资产除以流动负债的比值，反映企业以流动资产数量偿还流动负债的能力。如果企业当前的流动资产数量大于流动负债，且保持经营状况稳定的持续性，则一般有理由认为企业具备产生足够现金流量用于偿还即将到期的负债的能力。流动比率的计算如下：

$$流动比率 = \frac{流动资产}{流动负债}$$

2.速动比率

速动比率是速动资产与流动负债的比值，速动资产是指流动资产中扣除存货后剩余的部分。由于在流动资产中存货的变现速度最慢，部分存货可能已损失或报废还没有进行处理，部分存货可能已抵押给某债权人，存货估价与合理市价相差悬殊等原因，把存货从流动资产总额中减去而计算出的速动比率反映的企业的短期偿债能力更加令人信服。速动比率的计算公式如下：

$$速动比率 = \frac{速动资产}{流动负债}$$

3. 现金比率

现金比率是现金资产与流动负债的比值，它假设现金资产是可偿债资产，表明单位流动负债有多少现金资产作为偿还保障。速动资产中，流动性最强、可直接用于偿债的资产称为现金资产，所以现金比率更直接地反映了企业的短期偿债能力。现金比率的计算如下：

$$现金比率 = \frac{货币资金 + 交易性金融资产}{流动负债}$$

4. 现金流量比率

现金流量比率是指经营活动现金流量净额与流动负债的比率。运用企业在经营活动中产生的现金流量考核企业的偿债能力。经营活动的现金流量代表了企业创造现金的能力，且已经扣除了经营活动自身所需要的现金流出，是可以用来偿债的现金流量。该比率表明每 1 元流动负债的经营活动现金流量净额保障程度。该比率越高，企业的偿债能力越强。

其计算公式为：

$$现金流量比率 = \frac{经营活动现金流量净额}{流动负债}$$

一般来讲，该比率中的流动负债采用期末数而非平均数，因为实际需要偿还的是期末金额，而非平均金额。

5. 资产负债率

资产负债率是负债总额与资产总额的比值，反映债权人提供的资金占企业全部资产的比重。从债权人的角度看，比值越小，企业投资者对债权人债务的保障程度越高；从投资者角度看，借款利率小于加权平均资金成本时，该比率越大，投资者得到的利润会越多；从经营者的角度看，需要根据预期的利润和增加的风险，权衡利弊，找到一个合适的资产负债率。其计算公式如下：

$$资产负债率 = \frac{负债总额}{资产总额} \times 100\%$$

6. 产权比率

产权比率是负债总额与股东权益的比值，反映债权人提供的资本与股东提供的资本的相对关系、企业财务结构的稳定性，以及企业清算时对债权人的保障程度。产权比率高，显示企业的财务结构是高风险高报酬的。其计算公式为：

$$产权比率 = \frac{负债总额}{股东权益总额} \times 100\%$$

7.已获利息倍数

已获利息倍数是企业息税前利润与利息费用的比率，反映企业息税前利润为所需支付的债务利息的倍数，用于衡量企业偿付借款利息的能力。其计算公式为：

$$已获利息倍数 = \frac{息税前利润}{利息费用}$$

中小企业经营者应时刻关注企业的偿债能力，确保在债务到期时能够有足额的现金用于偿还，避免由于无法偿债导致的企业被迫清算的风险。

8.现金流量利息保障倍数

现金流量利息保障倍数是指经营活动现金流量净额对利息费用的倍数。该指标是以现金为基础的利息保障倍数，表明每1元利息费用有多少倍的经营活动现金流量净额做保障。它比以利润为基础的利息保障倍数更可靠，因为实际用于支付利息的是现金，而不是利润。

其计算公式如下：

$$现金流量利息保障倍数 = \frac{经营活动现金流量净额}{利息费用}$$

其中，流动比率、速动比率、现金比率和现金流量比率等反映企业用流动资产偿还各种1年内到期的或超过1年的一个营业周期内到期的流动负债的能力，属于反映短期偿债能力的指标；资产负债率、产权比率、已获利息倍数、现金流量利息保障倍数等则反映企业在长期借款使用期内的付息能力和长期借款到期后归还借款本金的能力，属于反映企业长期偿债能力的指标。

（二）获利能力

获利能力是企业在一定时期内产生利润的能力。通常被认为是企业最重要的经营业绩衡量标准。常用的衡量获利能力的指标有净资产收益率、总资产收益率、营业收入净利率等，分别从净资产、总资产和营业收入的角度测度企业产生净利润的能力。

1.净资产收益率

净资产收益率是净利润与平均净资产的百分比，也叫股东权益净利率或股东权益报酬率，反映单位股东资本获取的净收益，可以用于不同行业、不同业务类型的企业之间的比较。净资产收益率衡量的是股东投入资本的保值、增值能力，可以概括反映企业的全部经营业绩和财务业绩。其计算公式如下：

$$净资产收益率 = \frac{净利润}{平均净资产} \times 100\%$$

式中：平均净资产=（期初净资产+期末净资产）÷2

影响净资产收益率变动的因素可以通过对指标的分解得出。

$$净资产收益率 = \frac{净利润}{平均总资产} \times \frac{平均总资产}{平均净资产} \times 100\%$$

$$= 总资产净利率 \times 权益乘数 \times 100\%$$

可见，总资产净利率和权益乘数是影响净资产收益率的主要因素。可用于对净资产收益率的变动做进一步分析。

2.总资产净利率

总资产净利率是指净利润与平均总资产的比值，反映企业单位总资产产生的净利润。总资产净利率是企业盈利能力的关键测度指标，受企业总资产和净利润的双重影响。其计算公式为：

$$总资产净利率 = \frac{净利润}{平均总资产} \times 100\%$$

影响总资产收益率变动的因素也可以通过对指标的分解得出。

$$总资产净利率 = \frac{净利润}{营业收入} \times \frac{销售收入}{平均总资产} \times 100\%$$

$$= 营业收入净利率 \times 总资产周转率 \times 100\%$$

可见，营业收入净利率和总资产周转率是影响总资产净利率的主要因素。可用于对总资产净利率的变动做进一步分析。

3.营业收入净利率

营业收入净利率也叫销售净利率，是指净利润与营业收入的比值，反映了企业单位营业收入创造利润的能力。其计算公式为：

$$营业收入净利率 = \frac{净利润}{营业收入} \times 100\%$$

利润表的各个项目都会对营业收入净利率产生影响，当企业的该指标下降时可以通过对利润表各项目金额变动的情况，或者不同成本费用项目占营业收入比重的变化情况进行分析，找出主要的影响因素，进行管理控制。

企业盈利能力的分析指标均是正指标，在其他条件相同的情况下，越高越好，说明企业单位总资产、净资产和营业收入赚取利润的能力越好。中小企业出于对投资资产保值增值的需要，一定要密切关注企业的获利能力。

（三）营运能力

营运能力是企业在一定时期管理资产运营效率的能力。通常用各种资产的周转率表示，反映企业资产使用的效率情况，代表企业投入和运用单位资产产生营业收入的能力。测度资产运营效率的指标主要有总资产周转率、非流动资产周转率、流动资产周转率、存货周转率和应收账款周转率等。

1.总资产周转率

总资产周转率是营业收入与平均资产总额的比值，表明企业全部资产在

1年中的周转次数，反映企业单位资产投资所产生的营业收入。在营业收入净利率不变的情况下，资产周转的次数越多，资产的运营效率越高，产生的利润就越多。其计算公式如下：

$$总资产周转率(周转次数) = \frac{营业收入}{平均总资产}$$

一年按365天计算，则365天与总资产周转率的比值便是总资产周转天数，表示总资产周转一次所需要的时间。时间越短，总资产的运营效率越高，盈利性越好。

$$总资产周转天数=365÷总资产周转率$$

总资产周转次数的倒数是总资产与营业收入之比，表示单位收入需要的总资产投资。收入相同时需要的投资越少，说明总资产的盈利性越好，或者说总资产的运营效率越高。

影响总资产周转率的因素是各种资产周转速度的快慢，可以通过对非流动资产周转率和流动资产周转率的计算进行分析。

2.非流动资产周转率

非流动资产周转率是营业收入与平均非流动资产的比值，表明非流动资产1年中周转的次数，反映单位非流动资产所产生的营业收入和非流动资产的管理效率。其计算公式如下：

$$非流动资产周转率(周转次数) = \frac{营业收入}{平均非流动资产}$$

非流动资产周转率的影响因素是在建工程等当期不能投入企业生产中的资产项目，以及固定资产、无形资产、其他长期资产等项目。过多的在建工程等会导致整个企业的非流动资产周转率下降。

3.流动资产周转率

流动资产周转率是营业收入与平均流动资产之比，表明流动资产1年中周转的次数，反映单位流动资产所产生的营业收入。流动资产周转速度快，会相对节约流动资产，等于相对扩大资产投入，增强企业盈利能力。其计算公式如下：

$$流动资产周转率(周转次数) = \frac{营业收入}{平均流动资产}$$

同理，365天与流动资产周转率的比值便是流动资产周转天数，表明流动资产周转一次所需要的时间。流动资产周转次数的倒数表明单位收入所需要投入的流动资产投资。

制造企业的流动资产中，应收账款和存货占有很大比重，其周转率的高低会对流动资产周转率有较大影响。

4.存货周转率

存货周转率是指营业成本与平均存货的比值，表明存货在1年中的周转次数，是衡量和评价企业购入存货、投入生产、销售收回等各环节管理状况的综合性指标。存货周转速度越快，存货的占用水平越低，流动性越强，存货转换为现金、应收账款的周转速度越快。其计算公式为：

$$存货周转率(周转次数) = \frac{营业成本}{平均存货}$$

用 365 天除以存货周转率同样可以计算存货的周转天数，反映存货周转一次所需要的时间。

企业的运营模式、组织结构、生产流程、其他财务政策以及行业特征等都可能会影响企业的存货周转次数。企业可以通过采用订单式生产、减少分支机构、优化生产工艺流程、采用较为紧缩的信用政策等方式加速存货周转，提高存货的管理效率。

另外，企业可以采用存货的 ABC 管理法，将企业全部存货分成不同的种类，给予不同的管理重视程度。

5.应收账款周转率

应收账款周转率是营业收入与平均应收账款的比值，表明应收账款在 1 年中的周转次数，是反映企业应收账款变现速度和管理效率的指标。应收账款周转率越高，周转次数越多，表明企业应收账款的回收速度越快，企业经营管理的效率越高，资产的流动性越强，短期偿债能力也越强。应收账款周转率的计算公式如下：

$$应收账款周转率(周转次数) = \frac{营业收入}{平均应收账款}$$

企业通过赊销可以扩大产品的销量、增强竞争力、提升市场份额、巩固客户关系等，但应收账款作为企业扩大销售和盈利进行的投资，却会带来管理成本、机会成本、收账成本、坏账损失成本等。企业应在赊销带来的收入和应收账款增加带来的成本之间进行比较分析，以寻求总成本最小的应收账款管理政策。

中小企业应充分关注企业的营运能力，通过提高各种资产的周转速度，使其发挥更大的作用，用有限的资金创造无限的财富。

任务实施

报表分析是运用特定工具和方法，系统、深入地了解企业经营状况、财务状况和现金流量状况的过程。企业的所有利益相关者均可以从自身利益的角度出发，对中小企业的报表进行分析。因此，在学习过程中，要首先回顾报表编制部分的知识，熟悉报表分析的工具和方法，同时结合对中小企业的调查，完成以下任务：

拓展阅读10-3
报表分析示例
和 报 表 综 合
分析

一、列示报表分析的基本方法。

二、如何进行利润表的结构分析和趋势分析?

三、如何进行资产负债表的项目分析、结构分析和趋势分析?

四、财务报表的比率分析有哪几类财务比率? 每一类又有哪些具体指标?

考核评价

　　财务报表是总括反映企业经营状况、财务状况和现金流量状况的工具,也是前面所有项目执行结果的集中反映。需要在掌握前面项目内容的基础上,将所学理论、知识和本部分内容相结合,进行综合运用。因此,除了考核报表作用、种类,编制原理、分析方法等基本知识之外,还应更加关注对于知识的实际运用能力,如报表的结构分析、趋势分析和项目分析、比率分析等。可以参考表10-10进行考核。

表10-10 财务报表学习考核评价表

考核内容		分值（分）	得分
基本知识 70分	报表的作用和种类	20	
	报表编制原理和数据来源	40	
	报表分析方法	10	
报表分析 应用 30分	利润表的结构和趋势分析	10	
	资产负债表项目和结构分析	10	
	比率分析	10	
合　　计		100	

思考与练习

1.中小企业为什么要编制财务报表？需要编制哪些财务报表？

2.利润表和资产负债表的数据来源于哪里？现金流量表呢？

3.财务报表分析的主要方法有哪些？

4.比率分析法包括哪几类主要的财务比率？

主要参考文献

［1］王艳茹. 创业财务［M］. 北京：清华大学出版社，2017.

［2］王艳茹. 创业资源［M］. 北京：清华大学出版社，2014.

［3］王艳茹. 基础会计［M］. 5版. 北京：中国人民大学出版社，2022.

［4］卢新国. 小企业会计［M］. 3版. 北京：高等教育出版社，2021.

［5］王艳茹. 创新创业教程［M］. 北京：中国铁道出版社，2020.

［6］王艳茹，等.中小企业财务管理［M］. 北京：中国人民大学出版社，2022.

［7］国家税务总局网站：http：www.chinatax.gov.cn.